DELF B1・B2対応

フランス語
単語トレーニング

Textes et exercices pour élargir
votre vocabulaire en français

モーリス・ジャケ
舟杉真一
服部悦子

白水社

本書の音声は、白水社のウェブサイトで聞くことができます。
https://www.hakusuisha.co.jp/news/delfb1b2
ユーザー名：hakusuisha
パスワード：8904

本書は新つづり字で記述してあります。従来のつづり字との対照は下記の通りです。

従来のつづり字	新つづり字
aîné(e)	ainé(e)
août	aout
apparaître	apparaitre
bien-être	bienêtre
boîte	boite
brûlé(e)	brulé(e)
chaîne	chaine
coût	cout
deux cents	deux-cents
dîner	diner
embûches	embuches
(s')entraîner	(s')entrainer

従来のつづり字	新つづり字
fraîcheur	fraicheur
goût	gout
goûter	gouter
île	ile
îlot	ilot
maîtresse	maitresse
maîtriser	maitriser
paraître	paraitre
sûre, sûrs	sure, surs
trois cents	trois-cents
week-end	weekend

装幀・本文デザイン　　畑中猛（ベーシック）
音声ナレーション　　Léna Giunta　　Maurice Jacquet

はじめに

　外国語を習得することは、料理をすることに似ています。いくらレシピを知っていても、材料がなければ料理は作れません。外国語も同様で、いくら文法に習熟していても、語彙力がなければ使いこなすことはできません。

　本書は、テクストを読み、習得した単語をもとに、語彙力を強化することを目的としています。ヨーロッパ言語共通参照枠の「読むこと」は、B1レベルでは「よく使われる日常言語や自分の仕事関連の言葉で書かれた文章なら理解できる」、B2レベルでは「筆者の姿勢や視点が出ている現代の問題についての記事や報告が読める」ことが目標とされています。B1、B2それぞれのレベルに沿ったテクストを20篇ずつ、合計40篇、書き下ろしました。ヒアリング力も養うために、テクストの音声も収録してあります。

　各課は4ページ構成です。テクストを読む前に Comprendre の Vrai ou faux ? に目を通しテーマをつかんでおきましょう。次に本を閉じ、テクストの音声を聞きます。すべてを把握できなくて構いません。続いて本を開いてテクストを読み、わからない単語を Décrypter で確認します。類義語、対義語、派生語も記してありますので、ひとつの単語から語彙を広げましょう。そして再び Vrai ou faux ? に戻り、内容を正しく把握しているかどうかを確かめます。練習問題 S'entrainer は、DELF の試験と同様、フランス語で出題されています。習得した単語の確認だけでなく、同じ内容を異なる表現で言い換える力、また、フランス語の特徴とも言える多義性に習熟するための問題が用意されていますので、語彙力の増強につながります。

　語彙が増えると、「読む」「聞く」「話す」「書く」の幅が大きく広がります。DELF の B1、B2 を受験する方だけでなく、フランス語での出題形式に慣れておきたい方、仏検の 2 級、準 1 級を目指す方、とにかく語彙を広げたい方の学習に役立てていただければ幸いです。

2021 年 5 月　著者一同

目次

B1 レベル

この本の使い方

各課は 4 ページ構成です。B1、B2 のレベルに沿ったテクストがそれぞれ 20 篇ずつ（合計 40 篇）用意されています。

歴史、社会、文化、教育、環境など多彩なテーマ。

❹テクストを読み終えたら、Vrai ou faux ? に戻り、内容を把握しているかを確認。

1ページ目

❶テクストに取りかかる前に Vrai ou faux ? でおおよそのテーマをつかんでおく。

❸テクストを読む。B1 は 150〜200 語。B2 は 250〜300 語。わからない単語は右ページの Décrypter で確認。

＊印は 3 ページ目の Pour aller plus loin を参照（B1 レベルのみ）。

B1 08 Échec

Comprendre Vrai ou faux ? テクストの内容と合っているか考えましょう。

1. Plus de 50 % des étudiants français échouent en 1ère année. ( )
2. Cet échec est dû à un niveau très élevé des études. ( )
3. Certains étudi...
4. Des étudiants...
5. Tous les étudia...

❷本を閉じて、テクストの音声を聞く。全文の意味がわからなくても OK。

Les étudiants japonais sont toujours très surpris lorsqu'on leur apprend qu'en France, plus de la moitié* des étudiants inscrits en première année à l'université ne réussissent pas à passer directement en deuxième année. Les raisons sont multiples et connues : difficultés d'adaptation au rythme de la vie universitaire, quantité de cours et de devoirs trop importants, décrochage par manque d'intérêt pour les matières étudiées à la fac*, professeurs peu motivants dans leur pédagogie, erreur d'orientation, manque d'organisation dans les

3ページ目

文法的な補足（B1 レベルのみ）。

Pour aller plus loin

moitié の用法

moitié を使う時、正確に 50 % の場合、動詞は 3 人称単数形になり、約 50 % の場合は 3 人称複数形を使います。

La moitié des cours, dans cette école, est en anglais.
この学校の授業の半分（正確に 50 %）は英語で行われている。

La moitié des Français sont contre ce projet.
フランス人の約半数（約 50 %）はこの計画に反対している。

よく使われる略語

le bac	: le baccalauréat	大学入学資格 (試験)
le ciné	: le cinéma	
la fac	: l'université	
le métro	: (le chemin de fer) métropolitain	地下鉄、首都鉄道
la météo	: la météorologie	天気予報
le prof	: le professeur	
le restau / le resto	: le restaurant	
la télé	: la télévision	

テクストの日本語訳。

失敗

日本の学生は、フランスでは大学 1 年生に登録した学生の半数以上が 2 年生にストレートに進級できないと知ると、いつもとても驚く。理由はよく知られているようなさまざまなことだ。大学生活のリズムに適応できない、授業や課題が多過ぎる、大学での学習科目に興味がわからないことによる放棄、教育への意欲がな

凡例

名 男性および女性名詞　　　男 男性名詞　　　女 女性名詞　　　固有 固有名詞

形 形容詞　　　副 副詞　　　接 接続詞　　　前 前置詞　　　間 間投詞

代動 代名動詞　　　自動 自動詞　　　他動 他動詞

⟷ 対義語　　〔類〕類義語　　〔文〕文章語　　〔話〕話し言葉

Décrypter ――――― 覚えた単語は□に✓印。

□ **échec** 男 失敗、挫折

　　□ **erreur** 女 過ち、思い違い、ミス
　　□ **faute** 女 間違い、過ち、へま、落ち度、責任
　　□ **insuccès** 男 不成功、失敗

□ **échouer** 自動 失敗する、座礁する　□ **échouement** 男 失敗、座礁
□ **niveau** 男 水準、レベル
□ **filière** 女 (教育の) 課程、手順、段階
□ **multiple** 形 多様な　□ **multiplier** 他動 増やす　自動 増える
□ **adaptation** 女 à …　…への適応、順応
□ **universitaire** 形 大学の
□ **quantité** 女 量　(比較) □ **qualité** 女 質
□ **décrochage** 男 中断、後退　□ **décrocher** 他動 外す
□ **matière** 女 科目、物質、素材
□ **fac** 女 (faculté の略) 〔話〕大学、学部 →p.38
□ **motivant(e)** 形 意欲のある　□ **motiver** 他動 …に意欲をもたせる
□ **pédagogie** 女 教育学、教育法
□ **orientation** 女 方向、進路、オリエンテーション
　　□ **orienter** 他動 方向づける、導く
□ **tâche** 女 仕事、責務　□ **tâcher** 他動 de... …するように努める
□ **accomplir** 他動 実行する、完了する
□ **tentation** 女 誘惑、欲望　□ **tenter** 他動 …の気をそそる、…を試みる
□ **estudiantin(e)** 形 学生の

2 ページ目

類義語や関連表現は囲み枠で提示。
まとめて覚えれば語彙が広がる！

派生語を覚える習慣をつけて、語彙力を増強。

S'entraîner

1 Complétez les phrases avec la préposition « à » ou « en ». à か en を入れて、文を完成させましょう。

1. Julie est _____ troisième année d'anglais.
2. Il me reste beaucoup de travail _____ faire.
3. Tu vas _____ cours ou tu restes chez toi ?
4. Thomas va _____ la bibliothèque universitaire.
5. Je dois finir ce rapport _____ deux jours.

2 Complétez chaque phrase avec le mot qui convient. 選択肢から適切な単語を選びましょう。

| erreur | matière | quantité | raison | tentation |

1. J'ai la _____ de partir en voyage cet été.
2. J'ai fait une _____ en voulant étudier l'anglais.
3. J'ai une grande _____ de livres chez moi.
4. Je ne connais pas la _____ de son départ.
5. Je déteste cette _____ : c'est trop difficile.

3 Trouvez dans le texte, un mot de la famille de chacun des mots suivants. テクスト内から同じ語源をもつ単語を見つけましょう。

1. action : _____

4 ページ目

❺習得した語彙を確認するための
練習問題のページ。解答と訳は巻
末に掲載。

DELF の試験問題の形式に準じて、
設問文はフランス語（B1 レベルで
は日本語も併記）。フランス語によ
る出題に慣れていく。

Cauchemar à la campagne

Comprendre Vrai ou faux ? テキストの内容と合っているか考えましょう。🔊01

1. De nombreux citadins déménagent à la campagne pour y vivre. (　)
2. Ces citadins veulent retrouver un rythme de vie normal. (　)
3. Les reportages télévisés ne montrent pas la réalité de la vie rurale.

(　)
4. Le passage des citadins à la vie rurale se passe toujours bien. (　)
5. Vivre à la campagne n'a que des aspects positifs. (　)

🔊02

Beaucoup de citadins, lassés d'une vie bruyante et trop active, achètent une maison loin de la ville pour y passer leur weekend ou, plus radicalement, prennent la décision de s'installer dans un village rural. Bien souvent, ils ne connaissent de la campagne que les images des reportages télévisés : des paysages magnifiques, des vaches dans les prés, de bons légumes et fruits à cultiver ou à acheter sur des marchés... Mais le rêve de ces urbains tourne au cauchemar quand ils s'aperçoivent que la campagne est d'abord un lieu de vie pour les ruraux et un lieu de travail pour les agriculteurs. Cela implique odeurs d'animaux, chant du coq le matin, coassement des grenouilles dans une mare, bruits des machines agricoles, mais aussi absence de magasins*, de services comme la Poste ou de réseau internet haut débit. Vivre à la campagne ? Oui, à condition d'en accepter avantages et inconvénients !

□ **cauchemar** 男 悪夢　〔比較〕□ **rêve** 男 夢　□ **songe** 男〔文〕夢

□ **citadin(e)** 名 都市生活者、都会人 ＊女性形は稀　形 都市の ＝urbain(e)

□ **reportage** 男 探訪記事、ルポルタージュ

□ **lassé(e)** 形 **de ...** …にうんざりする、疲れた

□ **bruyant(e)** 形 うるさい、やかましい

□ **radicalement** 副 根本的に、完全に

□ **prendre la décision de** ＋ **不定詞** …する決心をする

□ **s'installer** 代動 居住する、身を落ち着ける　□ **installation** 女 入居、設備

□ **rural(e)** 形 田舎の ⇔ □ **urbain(e)** 都会の　名〔多く複数で〕田舎の住民

□ **souvent** 副 しばしば　＊たまたま繰り返される動作や状態の頻度が多いとき

> □ **tout le temps** しょっちゅう、いつも
>
> □ **fréquemment** しばしば、頻繁に　＊自発的に何度も繰り返されるとき
>
> □ **parfois** 時々、時折　＊習慣的に起こることを示すとき
>
> □ **de temps en temps** 時々、時折　＊規則的な間隔を想定
> (＝de temps à autre, parfois)
>
> □ **quelquefois** 時々、時には　＊ de temps en temps より回数が少ないとき。
>
> □ **rarement** まれに、めったに…ない
>
> □ **[ne] jamais** 決して…ない、一度も…ない

□ **pré** 男 牧草地　〔類〕□ **prairie** 女

□ **s'apercevoir** 代動 **de ...** …に気づく

□ **agriculteur** 男 / **agricultrice** 女 農業従事者
　　□ **agriculture** 女 農業　□ **agricole** 形 農業の

□ **impliquer** 他動 …を含む

□ **odeur** 女 におい、香り

□ **coassement** 男 カエルの鳴き声　□ **coasser** 自動（カエルが）鳴く

□ **grenouille** 女 カエル

□ **mare** 女 沼、池

□ **absence** 女（**de** ＋ **無冠詞名詞**）[apsɑ̃:s] …がないこと、欠如

□ **haut débit** 男 ブロードバンド

□ **avantage** 男 利点、長所、優位 ⇔ □ **désavantage** 男 不利

□ **inconvénient** 男 不都合、短所

冠詞が省略可能な場合

① 列挙する場合

Cela implique *odeurs* d'animaux, *chant* du coq le matin, *coassement...*

② 可能なことや提案したことを告げる場合

Calme et bon *air*, voilà ce qu'offre la vie à la campagne.

③ 否定表現 ni ... ni ...

Pierre n'est *ni citadin ni campagnard*. Il préfère la montagne.

④ 前置詞 sans や avec と一緒に使われる名詞

Pour moi, vivre à la campagne, c'est vivre sans *stress*.

Ce serait *avec plaisir* que je déménagerais dans un petit village.

⑤ 職業、国籍、宗教を表す名詞の前

Gilles est *agriculteur.*

⑥ 映画、小説、新聞記事のタイトル

Souvenirs d'enfance.

⑦ beaucoup de, assez de などの数量表現の後

Beaucoup de *citadins*, assez d'*argent*

田舎の悪夢

　騒がしく落ち着かない都会の生活にうんざりした多くの都会人が、週末を過ごすために都会から遠く離れたところに小さな家を買ったり、さらには、田舎の村に完全に移住する決断をしたりする。彼らはたいてい、テレビで放送されたルポルタージュのイメージでしか田舎を知らない。美しい風景、牧場の牛、美味しい野菜や果物を栽培したり、あるいは市場で買い物をしたり…。しかし、こうした都会人の夢は、田舎はなによりも田舎の人のための生活の場所であり、農民たちの仕事場であることに気づいたとき、悪夢となる。田舎とは、動物の臭い、朝の鶏の鳴き声、沼地の蛙の鳴き声、農機具の音である。しかも商店や郵便局のような公共機関、ブロードバンドのインターネットもない。それでも田舎に住む？　そう、利点も不便さも受け入れるという条件でなら！

S'entrainer

1 Trouvez dans le texte, les contraires des mots suivants. テクスト内から対義語を見つけましょう。

1. avantages : ....
2. campagne : ....
3. citadin : ....
4. refuser : ....
5. rêve : ....

2 Reliez chaque mot à sa définition. 単語をその意味と結びつけましょう。

| ⓐ agriculteur | ⓑ coassement | ⓒ s'installer |
| ⓓ reportage | ⓔ vache | |

1. Animal ruminant, femelle du taureau. ( )
2. Cri de la grenouille ou du crapaud ( )
3. Programme de télévision préparé par un journaliste. ( )
4. Emménager dans un nouveau logement. ( )
5. Personne qui cultive la terre ou élève des animaux. ( )

3 Complétez les phrases suivantes à l'aide de mots vus dans le texte. テクスト内から適切な語を選び、文を完成させましょう。

1. Paul est un vrai .... : il ne peut vivre qu'en ville.
2. Ici, il n'y a aucun .... public comme une école ou une gare.
3. La nuit dernière, j'ai très mal dormi : j'ai fait un ....
4. Ce .... de Provence a été peint par Van Gogh.
5. Il y a une .... désagréable dans cette pièce : ouvrons les fenêtres !

Comprendre Vrai ou faux ? テキストの内容と合っているか考えましょう。 03

1. Les touristes aiment imaginer la vie du roi Louis XIV à Versailles. (　)
2. La vie quotidienne de Louis XIV était très réglée. (　)
3. Les tableaux, dans le château, montrent bien la vie de Louis XIV. (　)
4. La vie au château était agréable pour chacun de ses habitants. (　)
5. L'Histoire est souvent romancée. (　)

04

　Chaque année, des millions de touristes se pressent à Versailles pour y visiter le château. Chacun d'entre eux imagine la vie que menait le roi Louis XIV : réceptions somptueuses dans la galerie des Glaces, fêtes dans les jardins à la française, vie quotidienne royale au protocole minuté avec précision. Les nombreux tableaux qui ornent les murs du château montrent un roi élégant, de belle allure et en bonne santé. Mais la réalité était tout* autre.

　La vie à Versailles était rude l'hiver : il y faisait très froid, l'eau et le vin gelaient souvent. Des bougies malodorantes éclairaient mal les pièces. Le manque d'hygiène était partout. Le roi lui-même se lavait très peu et se parfumait pour cacher ses odeurs corporelles. Les maladies étaient nombreuses parmi les habitants du château. L'Histoire, avec un grand H*, que nous racontent les livres, est souvent très éloignée de la vérité, parce qu'elle fait moins rêver.

- □ **chaque année** 毎年 (= tous les ans)
- □ **se presser** 代動 **à ...** …でひしめきあう、殺到する
- □ **mener** 他動 (生活) を送る
- □ **somptueux / somptueuse** 形 贅沢な、豪華な
  〔類〕□ **luxueux / luxueuse**　□ **fastueux / fastueuse**　□ **superbe**
- □ **à la ...** 女形 …式の、…式に
- □ **protocole** 男 公式儀礼
- □ **minuter** 他動 (スケジュールを) 細かく定める
- □ **précision** 女 正確　□ **précisément** 副 正確に (=avec *précision*)
- □ **orner** 他動 **de ...** 〜を…で飾る　□ **ornement** 男 飾り
- □ **élégant(e)** 形 優雅な、上品な
  〔比較〕**bien habillé** ① =élégant(e) ② 晴れ着を着ている、良い服を着ている
  　　　　chic 〔くだけた表現〕流行にそった服装について使われる
  〔類〕□ **distingué(e)** 形 上品な、気品のある
- □ **allure** 女 様子、外観
- □ **rude** 形 過酷な、耐え難い
- □ **geler** 自動 凍る
- □ **bougie** 女 ろうそく
- □ **malodorant(e)** 形 悪臭を放つ
- □ **pièce** 女 部屋、1個、硬貨、部品、書類
  ＊ pièce は「部屋」の意味で最も一般的に使われ、台所・浴室・トイレを除く「部屋」。部屋数を表すため、用途を表す語はつかない。

  > □ **chambre** 女 ベッドのある部屋
  > □ **salle** 女 公共の部屋　*salle* de séjour リビング　*salle* de bains 浴室
  > 　*salle* à manger 食堂　*salle* de classe 教室　*salle* d'attente 待合室
  > □ **bureau** 男 オフィス、大学の研究室

- □ **manque** 男 欠如、不足　□ **manquer** 自動 欠けている、足りない
- □ **hygiène** 女 衛生　〔類〕□ **propreté** 女 清潔さ
- □ **corporel(le)** 形 身体の　odeur *corporelle* 体臭
  - □ **corps** 男 身体　□ **corporellement** 副 肉体的に

注意すべき tout の用法

tout を省いても文が成り立つ場合、tout は「完全に」の意の副詞です。他の全ての副詞同様不変で、女性名詞の前でも toute(s) とはなりません。

Mais la réalité était *tout* autre. (= Mais la réalité était autre.)

tout を省けない場合、tout は性数の一致をします。この場合の tout は不定形容詞です。n'importe quelle と置き換えが可能です。

Toute autre personne que toi peut faire ce travail.

(= *N'importe quelle* autre personne que toi peut faire ce travail.)
君以外のだれでもこの仕事をすることができる。

概念としての語の強調

修飾語を伴わず、概念としての語を強調するときは語頭が大文字になります。

L'*Histoire*, avec *un grand H.*

具体化された場合には、大文字にする必要はありません。

L'histoire de France. フランス史

L'histoire de la ville de Paris. パリの歴史

城での生活

毎年、ヴェルサイユには城を訪れるために何百万人もの観光客が殺到する。みなそれぞれが、ルイ 14 世が城で送っていた生活に想いをはせる。「鏡の間」での豪華なレセプション、フランス式庭園での宴、詳細に公式儀礼を定められた王室の日常生活。城内の壁面を飾る数多くの絵画には、健康的で優雅に着飾った王が描かれている。しかし現実は全く異なっていた。

ヴェルサイユでの冬の生活は過酷だった。寒さが厳しく、水やワインはしばしば凍った。悪臭を放つろうそくが部屋をわずかに照らす。いたる所が不衛生だった。王自身もめったに身体を洗うことはなく、体臭を隠すために香水をつけていた。城に住む人々の間では病気が蔓延していた。書物が我々に語りかける大文字の H で始まる「歴史」は、しばしば真実とはかけ離れている。「歴史」は夢を見させてはくれない。

S'entrainer

1 Trouvez dans le texte, les synonymes des mots suivants. テクスト内から類義語を見つけましょう。

1. (l') absence : ....
2. décorent : ....
3. distingué : ....
4. invente : ....
5. pénible : ....

2 Cherchez dans le texte les informations suivantes. テクスト内から探しましょう。

1. l'expression signifiant « d'une manière très claire »

....

2. la phrase signifiant « Vivre à Versailles était difficile quand il faisait froid. »

....

3. l'expression signifiant « À dire vrai. tout cela était faux. »

....

4. la phrase signifiant « Tout était d'une grande malpropreté. »

....

3 Complétez les phrases suivantes à l'aide de mots vus dans le texte. テクスト内から適切な語を選び、文を完成させましょう。

1. Autrefois, on s'éclairait à la ....
2. Il faut bien faire attention à sa .... !
3. Notre appartement est un deux ...., cuisine.
4. Les .... de Versailles s'appellent les Versaillais.
5. Nous organisons une .... pour accueillir nos amis belges.

Bas les masques !

Comprendre Vrai ou faux ? テクストの内容と合っているか考えましょう。(05)

Porter un masque de protection dans la rue ou le métro :

1. était mal compris des Parisiens avant 2020. ( )
2. renvoyait l'image d'une France source de maladies. ( )
3. est désormais mieux accepté par les Français. ( )
4. est désormais très courant en France, affirme l'auteur du texte. ( )

(06)

En France, porter un masque de protection dans les lieux publics ou les transports en commun était mal perçu et rarissime. Quelques touristes asiatiques étaient masqués pour diverses raisons : une grande sensibilité * aux pollens ou aux pollutions atmosphériques. Ils faisaient l'objet d'une curiosité amusée, mais ont aussi subi parfois l'agressivité d'autres voyageurs, dans le métro parisien. Porter un masque, c'était comme dire aux Français que leur pays était dangereux du point de vue de la santé, que Paris était plein de microbes ! Mais la pandémie du coronavirus, la COVID-19, début 2020, a changé leur regard sur cette pratique : ils ont enfin compris que le port du masque était une mesure barrière contre la propagation des virus. C'est aussi un écran protecteur pour celui qui est malade. Il permet de ne pas projeter les gouttelettes dans lesquelles se trouvent les virus. Espérons que la leçon aura été retenue !

☐ **bas** 副 低く 〔海事〕(帆、旗などを)下ろして
　　＊ *Bas les masque !* は成句 *Bas les armes !*（武器を捨てろ！）にかけている。

☐ **masque** 男 マスク、仮面、覆面
　　☐ **masquage** 男 覆い隠すこと、隠蔽　☐ **masquer** 他動 …を覆い隠す
　　☐ **se masquer** 代動 仮面をつける、覆面をする
　　☐ **masqué(e)** 形 仮面・覆面をつけた、覆い隠された

☐ **porter** 他動 …を身につけている
　　＊身につける行為を表す場合は mettre、状態を表す場合は porter

☐ **protection** 女 保護　un masque de *protection* 防護マスク

☐ **être bien [mal] perçu(e)** よく［悪く］みられる
　　☐ **percevoir** 他動 …を感知する、知覚する

☐ **rarissime** 形 非常に珍しい、極めて稀な

☐ **sensibilité** 女 感覚、感受性→ p.18
　　un enfant d'une grande *sensibilité* = un enfant sensible 感受性の強い子供
　　☐ **sensible** 形 敏感な　☐ **sentiment** 男 感情
　　☐ **sentir** 他動 …を感じる

☐ **pollen** [pɔlɛn] 男 花粉　allergie au *pollen* 花粉症

☐ **pollution** 女 環境汚染　*pollution* atmosphérique 大気汚染

☐ **faire l'objet de ...** …の的［対象］になる

☐ **curiosité** 女 好奇心、野次馬根性　☐ **curieux / curieuse** 形 好奇心の強い

☐ **agressivité** 女 攻撃的な性質　☐ **agressif / agressive** 形 攻撃的な
　　☐ **agresser** 他動 …を攻撃する　☐ **agresseur** 男 攻撃者、侵略者 形 攻撃する

☐ **microbe** 男 病原菌、微生物　☐ **microbien(ne)** 形 病原菌の、微生物の

> 接頭辞 micro- 極小の ⟺ macro- 巨大な
> **microbus** 男 マイクロバス　**microéconomie** 女 ミクロ経済学
> **four à micro-ondes** 男 電子レンジ　**microscope** 男 顕微鏡

☐ **pandémie** 女 汎流行（ある大陸、全世界のほとんど全域に及ぶ伝染病）

☐ **regard** 男 視線　☐ **regarder** 他動 …を見る

☐ **mesure** 女 措置、対策、測定、寸法、大きさ

☐ **propagation** 女 普及、拡大

☐ **écran** 男 遮蔽物、スクリーン

☐ **gouttelette** 女 細かな水滴、小さなしずく　☐ **goutte** 女 しずく

語尾が -té の名詞

① -té で終わる語は、ほとんどが女性名詞（comité「委員会」男 のような例外もあり）です。特に下記のように抽象名詞で、英語では語尾が -ty となる語は女性名詞です（カッコ内は英語）。

sensibilité (sensibility)	curiosité (curiosity)
beauté (beauty)	identité (identity)
liberté (liberty)	originalité (originality)
personnalité (personality)	qualité (quality)
réalité (reality)	sécurité (security)
société (society)	université (university), *etc.*

② 形容詞の名詞化

形容詞を名詞化した際に語尾が -té になるものがあります。この場合もすべて女性名詞です。

beau	→ beauté	curieux	→ curiosité
difficile	→ difficulté	nouveau	→ nouveauté
original	→ originalité	particulier	→ particularité

マスクなし！

　フランスでは、公の場所や公共交通機関でマスクをしていることは印象が悪く、きわめて稀であった。アジアからの観光客は、花粉や大気汚染に敏感であるなど、さまざまな理由からマスクをしていることがある。彼らは人々の好奇心の的になり、ときにはパリの地下鉄の中で他の乗客から攻撃的な言動をとられることもあった。マスクをするというのは、フランス人に対して、この国は健康上の観点から危険で、パリは細菌で一杯であると言っているようなものだった。しかし、2020年初頭の新型コロナウィルスの世界的流行は、マスクについての（彼らの）見方を変えた。マスクの着用がウィルス蔓延に対しての防衛手段だとようやく理解されたのである。マスクは病人を守る防護シールドでもある。ウィルスを含んだ飛沫を飛ばさない。この教訓が今後も生かされることを願おう。

S'entrainer

1 Trouvez dans le texte, les contraires des mots suivants. テクスト内から対義語を見つけましょう。

1. pour   : ....

2. fréquent   : ....

3. (l') indifférence : ....

4. privé   : ....

5. sûr   : ....

2 Cherchez dans le texte le mot ou l'expression synonyme des phrases suivantes. テクスト内から同じ意味の表現を探しましょう。

1. « a fait changer d'opinion »

....

2. « était rempli de… »

....

3. « difficilement compris »

....

3 Complétez les phrases suivantes à l'aide de mots vus dans le texte. テクスト内の語を参考にして、文を完成させましょう。

1. Sur une moto, le .... du casque est obligatoire.

2. Pierre m'a donné une belle .... de courage !

3. Aujourd'hui, il y a un pic de .... à Dehli.

4. Attention au .... de la grippe !

5. Pour quelle .... étais-tu absente hier ?

Comprendre Vrai ou faux ? テキストの内容と合っているか考えましょう。 (07)

1. L'utilisation d'un smartphone peut être stressante. ( )
2. Grâce au smartphone, on dort moins ! ( )
3. Le smartphone favorise la communication directe. ( )
4. Phil Marso a écrit une chanson sur le smartphone. ( )
5. La journée sans smartphone a lieu le 6 de chaque mois. ( )

(08)

Le smartphone est en train de prendre le contrôle de nos vies : pression de l'appel ou du message, auquel il faut impérativement répondre, stress de la connexion Wi-Fi qui ne fonctionne pas, perte du temps de sommeil pour jouer ou regarder des films. Les relations sont distendues par l'omniprésence de l'appareil, que chacun consulte constamment. Alors pourquoi ne pas imaginer une « journée sans smartphone », sur le modèle de la journée sans voiture, pour lutter contre la pollution ou la journée sans alcool ! Phil Marso, un écrivain français, est le promoteur de cette idée qu'il a eue en 2001. Il a choisi comme date le 6 février, jour de la Saint Gaston, en référence à une célèbre chanson en France dont le refrain dit : « Gaston, y'a[1] le téléfon qui son*, mais y'a jamais person* qui y répond ! » Une journée pour retrouver le plaisir d'échanger directement, cela doit être possible.

1) y'a → il y a

□ **stressant(e)** 形 ストレスを引き起こす *une vie stressante* ストレスを抱えた生活
    □ **stressé(e)** 形 ストレスを抱えた　**stresser** 他動 …にストレスを生じさせる
    □ **stress** 男〔英語〕ストレス

□ **grâce à...** ～のおかげで 〔比較〕□ **à cause de** ～のせいで

□ **en train de** + **不定詞** …しつつある

□ **pression** 女 (人、社会などの) 強制、圧力　□ **presser** 他動 押す、せき立てる

□ **impérativement** 副 何が何でも
    □ **impératif / impérative** 形 命令的な、強制的な

□ **perte** 女 失うこと
    □ **perdre** 他動 …を失う　自動 損する、負ける

□ **distendue > distendre** 他動 …を無理に伸ばす、膨らます

□ **omniprésence** 女 絶えずつきまとうこと

> **接頭辞 omni-** 全…、あらゆる
> **omnibus** 男 普通列車 (←すべての駅に停車する)
> **omnipotence** 女 全能、絶対的権力　　**omnium** 男 総合商社

□ **consulter** 他動 …を調べる、…に相談する 自動 参照する、診察する
    □ **consultation** 女 参照、聴取、診察

□ **constamment** 副 絶えず、しょっちゅう
    □ **constant(e)** 形 頻繁な　□ **constance** 女 恒常性、一貫性

□ **sur le modèle de...** …にならって、似せて

□ **promoteur / promotrice** 名 発起人、推進者

> **接頭辞 pro-** 前に、公に、人前で、…から離れて
> **promouvoir** 他動 …を促進する、…を昇進させる ← [前の方に + 動かす]
> **programme** 男 プログラム ← [前もって + かかれたもの]
> **progrès** 男 進歩 ←「前の方に + 進む]
> **proclamer** 他動 公言する ← [人前で + 大声を出す]
> **professeur(e)** 名 教師 ← [人前で + 教える人]

□ **référence** 女 参照、参考、準拠

□ **refrain** 男 リフレイン、反復句

□ **plaisir** 男 喜び　□ **plaire** 他動 …の気に入る

□ **échanger** 他動 やりとりする、…を交わす、…を交換する

フランス語の韻

　フランス語の歌詞も詩と同じで、A, A, B, B、あるいは A, B, A, B のように韻を踏みます。テクスト内で引用したシャンソンの中でも、作者ニノ・フェレは韻を踏むために、いくつかの語を変形させています。そうすることにより、コミカルな効果も出しています（下線部が韻）。

Gas<u>ton</u>, y'a * le téléphon qui <u>son</u>　　　　　　　* y'a = il y a
Et y'a jamais pers<u>on</u> qui y rép<u>ond</u>

　また、有名な *Le temps des cerises*（さくらんぼの実る頃）では、韻を踏むために語順を変更しています。

Mais il est bien court le temps des cerises,
Où l'on s'en va deux cueillir en rêvant
Des pendants d'<u>oreilles</u>.
Cerises d'amour aux robes <u>pareilles</u>
　　　　　　　（↑普通の語順は pareilles aux robes）

もたない一日

　スマートフォンは我々の生活を支配しつつある。返信を強いる電話やメールのプレッシャー、つながりの悪い Wi-Fi のストレス、ゲームをしたり映画を見ることによる睡眠不足。スマホにつきまとわれ、絶えず確認することで、人間関係は引き離されてしまう。なぜ「スマホのない一日」を考えられないのだろうか。環境汚染に対する車のない一日や、禁酒の日のように。フランスの作家フィル・マルソは 2001 年からこの考えの推進者である。フランスの有名なシャンソンのリフレイン「ガストン、電話が鳴っているよ、でも誰もでないよ！」にならい、2 月 6 日のサン・ガストンの日をスマホを使わない日に選んだ。直接言葉を交わす喜びを再発見する日、それもありえるはずだ。

S'entrainer

1 Retrouvez le mot du texte à partir de sa définition. 定義を参考にテクスト内から単語を見つけましょう。

1. État d'une personne qui dort : ....
2. Suite de phrases répétée dans une chanson : ....
3. Personne qui écrit des ouvrages littéraires : ....
4. Texte mis en musique pour être chanté : ....
5. Période de 24 heures : ....
6. Tension nerveuse ou physique : ....

2 Complétez les phrases suivantes à l'aide de mots vus dans le texte. テクスト内から適切な語を選び、文を完成させましょう。

1. Il faut que je .... mon dictionnaire.
2. Demain, je dois .... aller à Paris.
3. Tom ne boit jamais d'...
4. Julie est .... en retard. Ça m'énerve !
5. Aller en Corse en vacances, quelle bonne .... !

3 Complétez les expressions avec les prépositions « avec » ou « sans ». 前置詞 avec または sans を入れ、文を完成させましょう。

1. La nuit est noire : c'est une nuit .... lune.
2. J'ai choisi .... hésiter cette cravate en soie.
3. C'est .... joie que je vous recevrai à la maison.
4. Je prends toujours mon café .... sucre ni lait.
5. Jean parle toujours .... des mots très savants.
6. Julie est vraiment .... cœur.
7. Deux melons, une salade et .... ça ?

Comprendre Vrai ou faux ? テクストの内容と合っているか考えましょう。 (09)

1. Le bibliobus passe mensuellement dans le village. ( )
2. Il faut payer pour utiliser les services du bibliobus. ( )
3. Le bibliobus permet d'emprunter des livres, des CD, etc. ( )
4. Il n'y a pas de bibliothèque municipale dans le village. ( )
5. On peut lire aussi les livres sur l'internet. ( )

(10)

　Une fois par mois, le bibliobus s'arrête dans notre village pour une journée entière. C'est un ancien bus, aménagé en bibliothèque ambulante. Il est financé par le département ou la région et offre un service public et libre d'accès. Il met à disposition de la population des documents imprimés (livres et revues) et audiovisuels (CD, DVD, e-books). Les écoliers, les personnes âgées et toutes celles et ceux * qui aiment lire viennent y emprunter gratuitement BD, romans, nouvelles, magazines, etc. Ils pourront les garder pendant un mois. Le bibliothécaire est sympathique et sait donner de bons conseils. C'est la seule solution de lecture pour beaucoup de personnes, parce que la bibliothèque la plus proche se trouve à plus d'une heure en voiture. Maintenant, grâce à l'internet, on peut réserver les livres que l'on veut lire. C'est pratique.

□ **bibliobus** 男 移動図書館　＊接頭辞 **biblio-** 書物、本
　　□ **bibliothèque** 女 図書館← biblio + thèque（戸棚、保管所）
　　□ **bibliothécaire** 名 図書館員
□ **mensuellement** 副 月ごとに　□ **mensuel(le)** 形 月ごとの

> □ **quotidiennement** 副 日々　□ **quotidien(ne)** 形 日ごとの
> □ **annuellement** 副 年々　□ **annuel(le)** 形 年ごとの

□ **emprunter** 他動 …を借りる ⟺ □ **prêter** 他動 …を貸す
　emprunter un livre à la bibliothèque 図書館から本を借りる
　〔比較〕□ **louer** 他動 …を賃貸しする、賃借りする
□ **municipal(e)** 形 市［町村］の
□ **ancien(ne)** 形 かつての
　ancien ami 昔の友人（今は友人ではない）〔比較〕vieil ami 旧友（今も友人）
□ **aménager** 他動 …を整備する、設備を整える　〔類〕□ **arranger** 他動 整える
　〔比較〕□ **déménager** 他動 （家具など）を運び出す　自動 引っ越す
　⟺□ **emménager** 自動 入居する
□ **ambulant(e)** 形 巡回する　□ **ambulance** 女 救急車
　dictionnaire *ambulant* = encyclopédie *ambulante* 生き字引
□ **financer** 他動 …に出資・融資する
　　□ **finance** 女 （複数で）財政、経理　（単数で）金融界、証券界
　　□ **financement** 男 出資　□ **financier / financière** 形 金銭上の、財政上の
□ **mettre à disposition** = rendre disponible 使用する
□ **écolier / écolière** 名 小学生

> □ **collégien(ne)** 名 中学生 ＊あまり用いられない
> □ **lycéen(ne)** 名 高校生
> □ **étudiant(e)** 名 学生
> □ **élève** 名 生徒 ＊幼稚園児からグランゼコールの学生までを指す一般的な語

□ **personne âgée** お年寄り (= les ainé(e)s , les seniors , les anciens)
　＊ les vieux, les vieilles, le troisième âge は否定的にとられるので避ける
□ **gratuitement** 副 無料で　□ **gratuit(e)** 形 無料で
□ **nouvelle** 女 中短編小説、知らせ、（複数で）消息、ニュース
　〔比較〕□ **roman** 男 小説、長編小説　□ **conte** 男 架空の短い物語、短編小説

指示代名詞

男性単数	女性単数	男性複数	女性複数
celui	**celle**	**ceux**	**celles**

指示要素 ce と 3 人称代名詞強調形(lui, elle, eux, elles)が結びついたものです。

① **既出の名詞を受けて、〈de + 名詞〉、あるいは関係節を伴って用いる。**

Je ne prends pas le TGV de 14h, mais *celui* de 14h30.
私は 14 時の TGV ではなく 14 時 30 分のに乗ります。

Je n'aime pas ta robe, je préfère *celle de* Marie.
君のドレスは好きじゃないなあ、マリーのほうがいいよ。

Je lave mes vêtements et *ceux* de mes enfants.
私の服と子どもたちの服を洗います。

Mes boucles d'oreilles sont en or, mais *celles* de Léa en argent.
私のイヤリングは金製で、レアのは銀製です。

② **不特定の「人」「人々」を表す。**

Tous *ceux* qui sont riches ne sont pas heureux.
お金持ちが幸せとは限らない。

移動図書館

　月に一度、終日、私たちの村に移動図書館がやって来る。それはバスだったものを巡回型の図書館に改造したものだ。県や地域から財政上の支援を受け、誰もが自由に利用できる公のサービスである。書籍や雑誌などの印刷物、CD、DVD、電子書籍などを住民が自由に使える。小学生からお年寄りまで、読書が好きな人はみなやって来て、漫画、長編小説、中短編小説、雑誌などを無料で借りる。貸し出し期間は 1 ヶ月。図書館員は親切で、適切なアドバイスをくれる。最も近い図書館でも車で 1 時間以上かかるため、多くの人たちにとっては移動図書館だけが唯一の読書の機会なのである。今では、インターネットのおかげで、読みたい本を予約することもできる。本当に実用的だ。

S'entrainer

1 Choisissez le verbe qui convient. 適切な動詞を選びましょう。

1. Est-ce que je peux _____ ton stylo ? [emprunter / mettre]
2. Mon prof m'a _____ une bonne note. [donné / écrit]
3. Qui va _____ la nouvelle piscine ? [économiser / financer]
4. Mon père m'a _____ ce voyage à Paris. [échangé / offert]
5. Veux-tu _____ ces vieilles photos ? [rejeter / garder]

2 Répondez aux questions. 質問に答えましょう。

1. Quelle expression montre que le narrateur parle de son village ?

_____

2. Quelle phrase indique que, pour les villageois, c'est le seul moyen d'avoir accès à la culture par les livres?

_____

3. Quelle phrase est à la voix passive dans le texte ?

_____

3 Choisissez entre ⓐ et ⓑ le mot souligné dont le sens est identique à celui du texte. 下線部がテクスト内と同じ意味のものを選びましょう。

1. ⓐ Dans notre village, il y a une nouvelle mairie.
   ⓑ Cette nouvelle est très agréable à lire.
2. ⓐ Nadia vit seule à Paris. Elle a quitté sa famille.
   ⓑ Nadia est la seule fille de sa classe.
3. ⓐ Timéo pratique le yoga une fois par semaine.
   ⓑ Timéo a une gare à côté de chez lui : c'est pratique.
4. ⓐ Il faut respecter les anciens !
   ⓑ Ce bâtiment est un ancien garage.
5. ⓐ Ce jardin est public : tout le monde peut y aller.
   ⓑ Le public a longuement applaudi à la fin du concert.

Comprendre Vrai ou faux ? テクストの内容と合っているか考えましょう。 (11)

1. Hiromi, avant son départ, était passionnée par la France. ( )
2. Elle a étudié le français au Japon. ( )
3. Elle travaille dans une pâtisserie, à Paris. ( )
4. Elle va mal, parce qu'elle ne sort plus. ( )
5. Le syndrome de Paris est une maladie psychologique. ( )

(12)

Hiromi a toujours adoré la France. Elle a regardé le film *Amélie* six fois. À la télé, elle a suivi les défilés de mode à Paris chaque année, a regardé les reportages de la NHK sur Paris. Elle a suivi des cours de français afin de bien communiquer une fois sur place. Elle a travaillé dans une pâtisserie française à Kobe, pour pouvoir s'offrir, enfin, un séjour d'un an dans la Ville lumière*. Il y a six mois, elle est partie le cœur joyeux et s'est installée dans un petit appartement, près de Montparnasse. Mais voilà, aujourd'hui, Hiromi va mal : mélancolique du matin au soir, elle ne sort plus, n'a plus envie de rien et voudrait rentrer au Japon. Elle ne retrouve pas ce qu'elle avait vu dans les films. Où sont les élégantes Parisiennes ? Pourquoi ne comprend-elle pas bien l'humour français ? On ne mange pas de croissants chaque matin ? Ces différences entre le rêve et la réalité la stressent. Elle souffre d'une maladie appelée le syndrome de Paris.

□ **syndrome** 男 症候群

> **接頭辞 yn-** (b, m, p の前では **sym-**) 共に、同時に
> **sympathie** 女 共感、同情 ← sym-+pathie（感じること）

□ **adorer** 他動 …が大好きである
    □ **adorable** 形 かわいい、素敵な
    □ **adorablement** 副 素晴らしく 〔類〕□ **merveilleusement**
    □ **adorateur / adoratrice** 名 ファン、崇拝者
    □ **adoration** 女 崇拝、熱愛

□ **film** 男 映画作品 → p.46
  〔比較〕□ **cinéma** 男 映画という芸術ジャンル、映画館 (= salle de *cinéma*)

□ **fois** 女 …回、…度、…倍 une *fois* 一度、いつか

□ **suivre** 他動 …の動向［経過］を注視する、（継続的に授業などに）出席する、
    後について行く、…に従う、…に続く、（話し手、議論など）を理解する

□ **défilé** 男 行進 *défilé* de mode ファッションショー

□ **afin de** + **不定詞** …するために (= pour + 不定詞)

□ **communiquer** 自動 意思疎通をはかる 他動 …を伝える

□ **sur place** その場で、現地で

□ **il y a** + **時間・年月** 今から…前

□ **cœur** 男 心、心臓

□ **joyeux / joyeuse** 形 うれしい、嬉々とした、愉快な
    □ **joie** 女 喜び

□ **mélancolique** 形 憂鬱な

□ **humour** 男 ユーモア

□ **réalité** 女 現実、真実
    □ **réaliser** 代動 …を実現する □ **réalisation** 女 実現
    □ **réalisme** 男 現実主義 □ **réaliste** 形 現実主義の 名 現実主義者

□ **souffrir** 他動 **de...** …で苦しむ
    □ **souffrance** 女 苦しみ、苦痛
    □ **souffrant(e)** 形 体調の悪い、病気の
    □ **souffreteux / souffreteuse** 形 病弱の

固有名詞の言い換え

　フランス語では、同じ語の繰り返しを避け、言い換えがしばしば行われます。

① **国名**

L'Amérique, c'est le Nouveau Monde.（新世界）

L'Italie, c'est la Botte.（長靴）

La Belgique, c'est le plat pays.（平らな国）

La Corée, c'est le pays des matins calmes.（静かな朝の国）

La France, c'est l'Hexagone.（六角形）

Le Japon, c'est le pays du soleil levant.（日出ずる国）

② **都市名**

Amsterdam, c'est la Venise du Nord.（北のベニス）

Kyoto, c'est la ville aux mille temples.（お寺の街）

Paris, c'est la Ville lumière.（光の都）

Toulouse, c'est la ville rose.（バラ色の街）

③ **著名人**

L'homme du 18 juin, c'est Charles de Gaulle.（6月18日の男）

Le père du cinéma, c'est Louis Lumière.（映画の父）

Le prince des poètes, c'est Verlaine.（詩の王子）

パリ症候群

　ヒロミはずっとフランスにあこがれていた。アメリの映画は6回見た。テレビでは毎年パリで開催されるファッションショーを欠かさず見て、パリについてのNHKのルポルタージュも見る。いつか現地でうまくコミュニケーションできるようにフランス語の講座も受講した。夢の実現に向けて神戸のフランス菓子のお店で働き、その結果、光の都パリでの1年間の滞在を手に入れた。6ヶ月前、ヒロミは心を躍らせて出発し、モンパルナス近くの小さなアパルトマンに入居した。しかし今、彼女の健康状態はよくない。朝から晩まで憂鬱で外出もしなくなり、何もしたくなく、日本へ帰りたいと思っている。映画で見ていたのとは違っていた。エレガントなパリジェンヌはどこ？　なぜ自分にはフランス人のユーモアがよくわからないのか？　毎日、クロワッサンを食べてるんじゃないのか？　夢と現実のギャップが彼女のストレスになっている。彼女はパリ症候群と呼ばれる病気にかかっているのだ。

S'entrainer

1 Complétez avec un mot lu dans le texte. テキスト内から適切な語を選び、文を完成させましょう。

1. Mon père a beaucoup d'_____ : il fait rire toute la famille.
2. Les pluies d'automne me rendent _____.
3. Ce _____ sur les enfants qui travaillent dans des usines était émouvant.
4. Il faut arrêter de rêver et revenir à la _____ !
5. Dans cette _____, on vend les meilleurs éclairs de Paris.

2 Choisissez la réponse qui convient. ふさわしい答えを選びましょう。

1. Dans quel but Hiromi a-t-elle appris à parler français ?

   ⓐ parce qu'elle a toujours aimé cette langue.

   ⓑ parce qu'elle voulait pouvoir parler en français avec les Français.

2. Pour quelle raison Hiromi a-t-elle travaillé dans une pâtisserie au Japon ?

   ⓐ parce qu'elle a toujours aimé pâtisser.

   ⓑ pour financer son séjour en France.

3. Quel était son état d'esprit avant de partir en France ?

   ⓐ Elle était très contente.

   ⓑ Elle était stressée.

4. Pour quelle raison veut-elle rentrer au Japon ?

   ⓐ Parce qu'elle ne retrouve pas, en France, l'image qu'elle avait de ce pays.

   ⓑ Parce que le Japon lui manque.

B1 07 Grands départs

Comprendre Vrai ou faux ？ テクストの内容と合っているか考えましょう。 🔘13

1. Il y a toujours beaucoup de voitures dans les rues de Paris.　( )
2. Il y a toujours du monde dans le métro parisien.　( )
3. En été, les Parisiens vont au bord de la mer.　( )
4. En hiver, les Parisiens vont à la montagne.　( )
5. La France est un pays très touristique en toutes saisons.　( )

🔘14

　　Tout au long de l'année, les Parisiens sont confrontés aux embouteillages de la capitale, aux rames de métro bondées aux heures de pointe, ou à la foule dans les magasins quand ils font leurs courses. Dès qu'arrive la période estivale, on les retrouve les uns derrière les autres, dans leurs voitures, sur les autoroutes qui mènent au sud de la France, pour bronzer côte à côte sur des plages noires de monde. En hiver, ils font la queue dans les stations de ski, espérant gouter aux joies des sports de neige sur des pistes encombrées. Mais pourquoi vont-ils tous dans les mêmes endroits aux mêmes moments, alors que la France offre toute l'année beaucoup de* destinations variées et très intéressantes, si on sait se perdre sur les petites routes départementales qui quadrillent la France ? Pourquoi ne cherchent-ils pas à s'évader du groupe ? Le mystère reste entier.

□ **(tout) au long de ...** …の間中ずっと （= tout le long de）

□ **être confronté(e) à ...** （困難、危機など）に直面している
　　□ **confrontation** 囡 対面、対決

□ **embouteillage** 團 交通渋滞　□ **embouteillé(e)** 圈 渋滞した
　　□ **embouteiller** 他動 通行の邪魔をする

□ **rame** 囡 （地下鉄の）電車

□ **bondé(e)** 圈 **de ...** …でいっぱいの、満員の

□ **heure de pointe** ラッシュアワー ⟺ □ **heure creuse** すいている時間

□ **foule** 囡 人だかり

□ **estival(e)** 圈 夏の

□ **printanier / printanière** 圈 春の、春らしい
□ **automnal(e)** 圈 秋の　□ **hivernal(e)** 圈 冬の

□ **les uns derrière les autres** 後から続いて、次から次へと

□ **côte à côte** 並んで、一緒に

□ **queue** 囡 列　□ **faire la queue** 並んで待つ、列を作る

□ **station** 囡 **de ski** スキー場

---

station
① 地下鉄の駅、タクシー乗り場　*station* de métro 地下鉄の駅　〔比較〕gare 鉄道の駅　*station* de taxi タクシー乗り場
② 長距離バスの待合施設のある停留所　〔比較〕arrêt 一般の停留所
③ リゾート、保養地　*station* thermale 温泉
④ 放送局、観測・研究などの施設　*station* spatiale 宇宙ステーション
⑤ サービスステーション　*station* libre-service セルフサービスのガソリンスタンド

□ **piste** 囡 ゲレンデ

□ **encombré(e)** 圈 混雑した

□ **se perdre** 代動 道に迷う （= s'égarer）

□ **départemental(e)** 圈 県の　route *départementale* [nationale] 県 [国] 道

□ **quadriller** 他動 …に碁盤目状に線を引く

□ **s'évader** 代動 **de ...** …から逃げ出す

Pour aller plus loin

beaucoup de の用法

1. beaucoup de + 無冠詞可算名詞：名詞は複数形

Sayaka a *beaucoup d'*amis français.
沙也香にはフランス人の友人がたくさんいる。

2. beaucoup de + 無冠詞抽象名詞：名詞は単数形

Sayaka a *beaucoup de* courage : elle veut passer le Futsuken 1.
沙也香は熱意がある、仏検1級合格を目指している。

＊「お金」は数えられるが、「量」として捉えるので複数形にはならない。

Sayaka a *beaucoup d'*argent parce que son père est médecin.
沙也香はたくさんお金を持っています、父親が医者なので。

beaucoup de の後の名詞が従属節で修飾されている場合には beaucoup des
が用いられます。この場合の des は〈de + 定冠詞〉が縮約したものです。

Il y a *beaucoup d'*enfants ici.
ここにはたくさんの子供がいる。

(Des enfants sont ici. 子供がここにいる。← des は不定冠詞)

Beaucoup des enfants qui sont ici sont venus avec leurs parents.
ここにいる多くの子供たちは彼らの親と一緒に来ました。

(Beaucoup de les［enfants qui sont ici］→ des は de les の縮約)

大出発

　パリに住む人は一年中、首都の渋滞、ラッシュアワーの混んだ地下鉄、買い物時の店の人だかりに直面している。夏になるとすぐ、彼らは次から次へと南フランスへ向かう高速道路の車上の人となる。人でごった返す浜辺で並んで日焼けするためだ。冬には、混雑したゲレンデで雪のスポーツを体験したくて、スキー場で列を作る。だが、なぜ彼らはみな同じ時期に同じ場所に行くのだろうか。碁盤目状に走るちょっとした県道に迷い込んだりすれば、フランスには1年を通して多くの興味深いさまざまな場所があるというのに。なぜ彼らは集団から抜け出そうとしないのだろうか。謎は深まるばかりである。

1 Complétez avec un mot lu dans le texte. テクスト内から適切な語を選び、文を完成させましょう。

1. Ce train est ＿＿＿＿＿＿＿ : je ne trouve pas de place.
2. Pierre déteste faire la ＿＿＿＿＿＿ pour acheter quelque chose.
3. Le Maroc est une ＿＿＿＿＿＿ de vacances appréciée des Français.
4. Les autoroutes sont ＿＿＿＿＿＿＿ au moment des départs en vacances.
5. Une ＿＿＿＿＿＿ de curieux attend pour voir la Joconde au Louvre.

2 Choisissez entre ⓐ et ⓑ le mot souligné dont le sens est identique à celui du texte. 下線部がテクスト内と同じ意味のものを選びましょう。

1. ⓐ Demain, nous irons voir des <u>courses</u> de chevaux.
　ⓑ Le samedi, mes parents vont aller faire des <u>courses</u>.
2. ⓐ La <u>queue</u>, devant ce cinéma, est très longue.
　ⓑ Mireille a une jolie <u>queue</u> de cheval.
3. ⓐ La dépollution des mers est <u>capitale</u> pour notre futur.
　ⓑ Limoges est la <u>capitale</u> de la porcelaine.
4. ⓐ Nous voyagerons dans la <u>voiture</u> 8 du TGV.
　ⓑ Nous irons en Espagne en <u>voiture</u>.
5. ⓐ Léo n'aime pas trop quand il y a du <u>monde</u>.
　ⓑ Thomas rêve de faire le tour du <u>monde</u>.

3 Écrivez le mot qui convient : tout, tous, toute, toutes. tout, tous, toute, toutes から適切な語を選び、文を完成させましょう。

1. Il fait beau dans le sud ＿＿＿＿＿＿ au long de l'année.
2. Il y a beaucoup de touristes ici ＿＿＿＿＿＿ l'année !
3. Visiter cette ville est très agréable en ＿＿＿＿＿＿ saisons !
4. Dans ma famille, nous aimons ＿＿＿＿＿＿ faire du golf.

B1
08 Échec

Comprendre Vrai ou faux ? テクストの内容と合っているか考えましょう。 15

1. Plus de 50 % des étudiants français échouent en 1ère année.　( )
2. Cet échec est dû à un niveau très élevé des études.　( )
3. Certains étudiants échouent à cause d'une filière mal choisie.　( )
4. Des étudiants manquent de sérieux dans leur vie quotidienne.　( )
5. Tous les étudiants choisissent de redoubler leur 1ère année.　( )

16

Les étudiants japonais sont toujours très surpris lorsqu'on leur apprend qu'en France, plus de la moitié* des étudiants inscrits en première année à l'université ne réussissent pas à passer directement en deuxième année. Les raisons sont multiples et connues : difficultés d'adaptation au rythme de la vie universitaire, quantité de cours et de devoirs trop importants, décrochage par manque d'intérêt pour les matières étudiées à la fac*, professeurs peu motivants dans leur pédagogie, erreur d'orientation, manque d'organisation dans les tâches à accomplir... Il y a aussi les tentations de la vie estudiantine, très nombreuses surtout quand on vit seul(e) et loin de sa famille pour la première fois : sorties entre amis, fêtes diverses, réveils trop tardifs pour aller en cours. En cas de redoublement, certains préfèrent changer de voie ou quitter l'université afin de rejoindre la vie active. C'est certainement un échec pour le système éducatif français.

□ **échec** 男 失敗、挫折

> □ **erreur** 女 過ち、思い違い、ミス
> □ **faute** 女 間違い、過ち、へま、落ち度、責任
> □ **insuccès** 男 不成功、失敗

□ **échouer** 他動 失敗する、座礁する　□ **échouement** 男 失敗、座礁
□ **niveau** 男 水準、レベル
□ **filière** 女（教育の）課程、手順、段階
□ **multiple** 形 多様な　□ **multiplier** 他動 増やす 自動 増える
□ **adaptation** 女 **à ...** …への適応、順応
□ **universitaire** 形 大学の
□ **quantité** 女 量 〔比較〕□ **qualité** 女 質
□ **décrochage** 男 中断、後退　□ **décrocher** 他動 外す
□ **matière** 女 科目、物質、素材
□ **fac** 女（faculté の略語）〔話〕大学、学部 → p.38
□ **motivant(e)** 形 意欲のある　□ **motiver** 他動 …に意欲をもたせる
□ **pédagogie** 女 教育学、教育法
□ **orientation** 女 方向、進路、オリエンテーション
　　□ **orienter** 他動 方向づける、導く
□ **tâche** 女 仕事、責務　□ **tâcher** 他動 **de...** …するように努める
□ **accomplir** 他動 実行する、完了する
□ **tentation** 女 誘惑、欲望　□ **tenter** 他動 …の気をそそる、…を試みる
□ **estudiantin(e)** 形 学生の
□ **cas** 男 場合、事態　□ **en cas de** 〜の場合には
□ **tardif / tardive** 形 遅い
□ **redoublement** 男 倍増、留年
□ **voie** 女 道、進路、手段

> □ **chemin** 男 道路、進路
> □ **rue** 女 道、通り
> □ **route** 女（都市を結ぶ）道路、進路

□ **rejoindre** 他動 再び一緒になる、追いつく、合流する、戻る
□ **certainement** 副 確実に

moitié の用法

　moitié を使う時、正確に 50％の場合、動詞は 3 人称単数形になり、約 50％
の場合は 3 人称複数形を使います。

La moitié des cours, dans cette école, *est* en anglais.
この学校の授業の半分（正確に 50％）は英語で行われている。

La moitié des Français sont contre ce projet.
フランス人の約半数（約 50％）はこの計画に反対している。

よく使われる略語

　　le bac　　　: le baccalauréat　大学入学資格 (試験)

　　le ciné　　 : le cinéma

　　la fac　　　: l'université

　　la météo　 : la météorologie　天気予報

　　le métro　 : (le chemin de fer) métropolitain　地下鉄、首都鉄道

　　le prof　　 : le professeur

　　le restau / le resto : le restaurant

　　le resto U　: le restaurant universitaire

　　la télé　　 : la télévision

失敗

　日本の学生は、フランスでは大学 1 年生に登録した学生の半数以上が 2 年生に
ストレートに進級できないと知ると、いつもとても驚く。理由はよく知られてい
るようなさまざまなことだ。大学生活のリズムに適応できない、授業や課題が多
過ぎる、大学での学習科目に興味がわからないことによる放棄、教育への意欲がな
い先生たち、進路選択の失敗、やらなければならない勉強の計画不足。また、学
生生活における誘惑もある。特に初めて家族と離れてひとり暮らしをする学生に
顕著だ。友だちとの外出、さまざまなパーティ、寝坊して授業に間に合わない、
など。落第した場合は、進路の変更を希望する者、あるいは働くために退学する
ことを選ぶ者もいる。これはまちがいなく、フランスの教育制度の失敗である。

S'entrainer

1 Complétez les phrases avec la préposition « à » ou « en ». à か en を入れて、文を完成させましょう。

1. Julie est _____ troisième année d'anglais.
2. Il me reste beaucoup de travail _____ faire.
3. Tu vas _____ cours ou tu restes chez toi ?
4. Thomas va _____ la bibliothèque universitaire.
5. Je dois finir ce rapport _____ deux jours.

2 Complétez chaque phrase avec le mot qui convient. 選択肢から適切な単語を選びましょう。

| erreur | matière | quantité | raison | tentation |

1. J'ai la _____ de partir en voyage cet été.
2. J'ai fait une _____ en voulant étudier l'anglais.
3. J'ai une grande _____ de livres chez moi.
4. Je ne connais pas la _____ de son départ.
5. Je déteste cette _____ : c'est trop difficile.

3 Trouvez dans le texte, un mot de la famille de chacun des mots suivants. テクスト内から同じ語源をもつ単語を見つけましょう。

1. action : _____
2. étudiant(e) : _____
3. tard : _____
4. difficile : _____
5. solitude : _____

Le jour du poisson

Comprendre Vrai ou faux ? テキストの内容と合っているか考えましょう。 🔊17

1. Manger du poisson le vendredi est une tradition religieuse en France. ( )
2. Le Christ est mort sur la croix un vendredi. ( )
3. Le poisson représentait le Christ au 1er siècle, face aux Romains. ( )
4. Le narrateur n'aimait pas le poisson quand il était petit. ( )
5. Le narrateur déjeunait à l'école quand il était écolier. ( )

🔊18

Enfant[1], je détestais le vendredi, car c'était « le jour du poisson ». Même si mes parents étaient peu croyants, ma mère respectait cette tradition chrétienne qui veut que l'on mange maigre ce jour-là, en mémoire du sacrifice de Jésus sur la croix, le Vendredi saint, et dans une démarche de pénitence. Une autre explication serait qu'au 1er siècle de notre ère, le poisson était le moyen de représenter le Christ face aux persécutions des Romains. Moi, ce n'est pas que je n'aimais pas * consommer la chair délicate d'un saumon, d'un cabillaud ou d'un lieu noir, mais comme tous les élèves ruraux, je rentrais à la maison pour déjeuner à midi. Au retour en classe, à 14 heures, la maitresse désodorisait la classe avec un produit citronné, au-dessus de nos têtes, pour assainir l'air des effluves, selon elle, de poisson grillé rapportées par nos vêtements. Je trouvais cela particulièrement humiliant.

1) Enfant = Quand j'étais enfant

□ **détester** 他動 …を嫌う（= avoir horreur de, avoir en horreur）
　　⟺ **adorer** 熱愛する 〔類〕□ **haïr** 憎む
　　　□ **détestable** 形 嫌な、ひどい □ **détestablement** 副 下手に、ひどく

□ **croyant(e)** 形 信心深い ⟺ □ **athé(e)** 形 無神論の
　　　□ **croyance** 女 信仰、信じること

□ **respecter** 他動 …に敬意を払う、…を尊重する
　　　　□ **respect** 男 尊敬、尊重 □ **respectable** 形 尊重すべき

□ **chrétien(ne)** 形 キリスト教の

□ **maigre** 形 肉抜きの、やせた

□ **sacrifice** 男 犠牲、いけにえ

□ **Jésus** (=Jésus-Christ) 固有 男 イエス・キリスト ＊ カトリックは [ʒezykri]、プロテスタントは [ʒezykrist]

□ **croix** 女 十字架、十字印

□ **le Vendredi saint** 聖金曜日（復活祭直前の金曜日、キリストの十字架上の死を記念する）

□ **démarche** 女 進め方、足どり、手続き

□ **pénitence** 女 罰、苦行、悔悛

□ **ère** 女 時代、紀元

□ **persécution** 女 迫害 □ **persécuter** 他動 迫害する
　　　□ **persécuteur / persécutrice** 形 名 迫害する(人)、責め立てる 人)
　　　□ **persécuté(e)** 形 名 迫害された(人)

□ **chair** 女 食肉、(魚の)身、果肉、(人間・動物の)肉

□ **délicat(e)** 形 洗練された、繊細な

□ **cabillaud** 男 生ダラ ＊塩漬けは **morue** 女

□ **lieu** 男 シロイトダラ（= lieu noir）

□ **désodoriser** 他動 (身体、場所など) の嫌なにおいを消す
　　　□ **désodorisant(e)** 形 防臭の、脱臭の
　　　□ **désodorisant** 男 防臭剤、脱臭剤

□ **citronné(e)** 形 レモンの香りのする、レモン味の □ **citron** 男 レモン

□ **assainir** 他動 …を清潔にする

□ **effluves** 男 〔複数で〕(生き物、食べ物の) 香り、におい

□ **humiliant(e)** 形 屈辱的な、侮辱的な □ **humiliation** 女 屈辱、侮辱
　　　□ **humilier** 他動 …を侮辱する □ **humilié(e)** 形 名 侮辱された(人)

二重否定

本文中の Moi, ce n'est pas que je n'aimais pas consommer ... は二重否定となっています。これは J'aimais manger du poisson, mais pas trop, sans grande envie...（魚は好きだが、特に好むわけではない）の意です。 non + non = oui となるのが原則ですが、理解しづらいこともありますので避けたほうが無難です。

Tu *ne* peux *pas ne pas* accepter l'invitation de tes parents.
両親の招待を断ることはできないよ。

↑断ることはできない、承諾しなければないことを強調している

Ce médicament *n'*est *pas sans* danger. (= il est dangereux).
この薬は危険がないわけではない。←危険である

Faire ce travail *n'*est *pas impossible*, mais ...
この仕事をするのは不可能ではないが…

魚の日

　子供の頃、金曜日が嫌いだった。「魚の日」だったからである。僕の両親は信心深くはなかったが、それでも母は、このキリスト教の習慣を大切にしていた。十字架で張り付けにされたイエス・キリストを思い、また犯した罪の許しを乞うために、聖金曜日には肉を食べないのだ。この習慣には、別の説もある。1世紀、魚はローマ人たちの迫害に対してキリストを表す手段だったというものだ。僕は、サーモン、生ダラ、あるいはシロイトダラの繊細な身を食べるのが嫌いだったわけではない。すべての田舎の小学生がそうだったように、昼食は家に帰って食べていた。14時に教室に戻ると、先生は僕たちの頭越しにレモンの香りのスプレーで教室を消臭した。先生によると、僕たちの服についてきた焼き魚の臭いを消すためだそうだ。僕たちに対するきわめてひどい侮辱だと思った。

S'entrainer

1 Trouvez, dans le texte, un mot dérivé (de la même famille) des mots suivants. テクスト内からそれぞれの派生語を見つけましょう。

1. (un) citron : _____   2. croire : _____

3. (une) odeur : _____   4. persécuter : _____

5. sain : _____

2 Choisissez entre ⓐ et ⓑ le mot souligné dont le sens est identique à celui du texte. 下線部がテクスト内と同じ意味のものを選びましょう。

1. ⓐ Cet homme a une <u>maitresse</u>. Sa femme ne le sait pas, bien sûr.
   ⓑ La <u>maitresse</u> de mon fils de 6 ans est très sympathique.

2. ⓐ Ce garçon est vraiment <u>maigre</u>.
   ⓑ Le colin est un poisson à chair <u>maigre</u>.

3. ⓐ Marc a fini son <u>mémoire</u> sur la pollution.
   ⓑ Tout le monde garde en <u>mémoire</u> l'incendie de Notre-Dame.

4. ⓐ Lire est un bon <u>moyen</u> pour apprendre des mots.
   ⓑ Michel est un étudiant très <u>moyen</u> en anglais.

5. ⓐ Ayato a honte, alors il se cache la <u>face</u>.
   ⓑ Les policiers font parfois <u>face</u> au danger.

3 Retrouvez, dans le texte, la partie de phrase qui explique : テクスト内から、次の事柄がわかる文の一部を見つけましょう。

1. que le narrateur vivait à la campagne.

_____

2. qu'il n'y a pas de classe, à la campagne, entre 12 et 14h.

_____

3. le sentiment ressenti par le narrateur en classe le vendredi après-midi.

_____

Comprendre Vrai ou faux ? テクストの内容と合っているか考えましょう。 (19)

1. Il y a beaucoup de films en version originale, en France. ( )
2. Les Français préfèrent les films doublés en français. ( )
3. Le sous-titrage, c'est la transcription du dialogue original. ( )
4. Le doublage d'un film n'est pas toujours parfait. ( )
5. Les dialogues du film *L'Île nue* sont très intéressants. ( )

(20)

Difficile de trouver, dans les cinémas français, un film* étranger grand public dans sa langue originale avec sous-titres, et encore plus sur le petit écran ! Le doublage fait vraiment partie de la culture cinématographique en France. Dans un film, les spectateurs apprécient deux choses : l'histoire, qu'ils veulent comprendre sans avoir à faire des efforts linguistiques, et la beauté des images, qui est gâchée, selon eux, par le fait de lire le sous-titrage. D'ailleurs celui-ci n'est pas toujours* de qualité, ne respectant pas les dialogues originaux, pour des raisons techniques ou en raison d'erreurs de traduction. Alors tant pis si la voix n'est pas celle de l'acteur ! Tant pis si le mouvement des lèvres ne correspond pas parfaitement ! Pour découvrir le cinéma japonais, je conseille toujours à mes amis français de regarder le fameux film de Kaneto Shindo, *L'Île nue* (裸の島 , 1960) parce qu'il n'y a... aucun dialogue.

☐ **version** 女 翻訳、…版
　　version originale 原語版 (V.O)　*version* française フランス語版 (V.F)
　　version doublée 吹き替え版　*version* sonore サウンド版

☐ **doublé(e)** 形 吹き替えられた　☐ **doublage** 男 吹き替え

☐ **sous-titrage** 男 （集合的に）字幕スーパー
　　　☐ **sous-titre** 男 字幕、副題　☐ **sous-titrer** 他動 字幕を入れる
　　　☐ **sous-titré(e)** 形 字幕付き

> ☐ **séance** 女 上映
> ☐ **en exclusivité** ロードショー

☐ **transcription** 女 写し、書き換え　☐ **transcrire** 他動 …を書き写す

☐ **dialogue** 男 台詞、対話

☐ **nu(e)** 形 裸の　☐ **nudité** 女 裸

☐ **faire partie de …** …に所属する、…の一部をなす

☐ **spectateur / spectatrice** 名 観客

☐ **cinématographique** 形 映画の

☐ **apprécier** 他動 高く評価する、重要性を認める　☐ **appréciation** 女 評価

☐ **effort** 男 努力　faire des *efforts* 努力する

☐ **linguistique** 形 言語の　女 言語学　☐ **linguiste** 名 言語学者

☐ **beauté** 女 美しさ、美

☐ **gâcher** 他動 台無しにする、無駄にする　☐ **gâchage** 男 浪費

☐ **d'ailleurs** その上、そもそも、もっとも

☐ **celui-ci / celle-ci / ceux-ci / celles-ci** 後者

> ☐ **celui-là / celle-là / ceux-là / celles-là** 前者

☐ **de qualité** 優れた

☐ **en raison de …** …の理由で

☐ **tant pis** 仕方ない

☐ **lèvre** 女 唇

☐ **correspondre** 他動 (à) … …に対応する、ふさわしい

☐ **fameux / fameuse** 形 有名な、名高い

cinéma と film

　cinéma は映画館、またはジャンルとしての映画を指します。1本1本の映画は film です。「映画に行く」は aller au cinéma ですが「映画を見る」は voir un film です。voir le cinéma は「映画館を見る」という意味になります。

　「フランス映画が好き」は aimer le cinéma français または aimer les films français ですが、「フランス映画を観る」は voir (regarder) un film français または voir (regarder) des films français になります。

pas と副詞の語順

　pas toujours は toujours「いつも」が pas に修飾された部分否定で「いつも〜とは限らない」と言う意味ですが、toujours pas は toujours「今でも」が pas を修飾し、「今でも〜ない」という意味になります。

Il n'arrive *pas toujours* en retard. 彼はいつも遅れるわけではない。
Il n'arrive *toujours pas*. 彼はまだ着かない。

次の場合も pas の位置で意味が変わります。

　pas ＋副詞（部分否定）　副詞 ＋ pas (全体否定)

Je ne suis *pas absolument* d'accord. 賛成というわけではない。
Je ne suis *absolument pas* d'accord. 絶対に賛成できない。

映画館にお出かけ

　フランスの映画館で、一般向け外国映画の字幕付き原語版を見つけるのは難しい。テレビではなおさらだ！ 実際、フランスでは吹き替えが映画文化の一部となっている。観客は次の2点で映画を評価する。まず、ストーリー。言葉を理解する努力なしにストーリーを理解したい。そして映像の美しさ。字幕を読むことで、映像が台無しになってしまう。そもそも字幕が常によくできているとは限らない。技術的な問題や誤訳のせいで、本来の台詞通りではない。それならば、俳優本人の声でなくてもしかたがない！ 唇の動きと台詞が完璧に合っていなくてもしかたがない！ 私はフランス人の友だちに、日本映画を見るなら、いつも新藤兼人監督のかの有名な《裸の島》を勧める。なぜなら…台詞が全くないからだ。

S'entrainer

1 Retrouvez dans le texte les mots correspondant aux définitions suivantes. テクスト内から定義に一致する単語を見つけましょう。

1. Surface sur laquelle sont projetées des images. ⬚ 男

2. État d'une personne qui se trompe. ⬚ 女

3. Porter un jugement favorable sur quelque chose (= aimer)

⬚ 他動

4. Partie qui borde la bouche. ⬚ 女

5. Fait d'écrire un texte dans une autre langue. ⬚ 女

2 Cochez les mots comportant le suffixe « age ». 語尾が接尾辞の -age の語を選びましょう。

1. le tournage d'un film ( )
2. un fromage français ( )
3. le pilotage d'un avion ( )
4. le garage pour les voitures ( )
5. le lavage du linge ( )
6. l'âge de mon fils ( )
7. une plage à Nice ( )
8. le cirage des chaussures ( )

3 Choisissez le verbe qui convient. 適切な動詞を選びましょう。

1. Ce film ne [respecte / correspond] pas au roman.
2. Le professeur [aide / conseille] de regarder des films français.
3. Moi, je (j') [apprécie / voudrais] revoir le film Titanic.
4. Lucie [change / traduit] ce texte en anglais.
5. Les romans de Balzac [font partie / sont] de la littérature française.

Comprendre Vrai ou faux ? テクストの内容と合っているか考えましょう。 🔊21

1. Le guide Michelin était, à ses débuts, gratuit.　　　　　　　( )
2. En 1900, le guide Michelin était offert avec l'achat d'une voiture. ( )
3. Il y a environ 100 restaurants triplement étoilés dans le monde. ( )
4. Tous les chefs étoilés sont contents d'être nommés dans le guide.

( )
5. Quand un inspecteur du guide visite un restaurant, il rencontre le chef.　　　　　　　( )

🔊22

Le guide Michelin est né d'une excellente idée : il était offert aux premiers automobilistes (en 1900) qui achetaient des pneus pour leur voiture, afin qu'ils partent à la découverte de la France. Aujourd'hui, le petit livre rouge est devenu la référence des gastronomes de tous pays. Une centaine* de restaurants, dans le monde, ont les trois petites étoiles qui leur assurent une clientèle prête à payer un prix élevé pour un repas composé de mets délicats accompagnés de grands crus prestigieux. Mais certains chefs étoilés refusent désormais la « course aux étoiles » et demandent à l'éditeur de ne plus figurer dans le guide. Rester au top niveau est, pour eux, une pression trop forte. Une soupe un peu froide, un poisson à la cuisson mal maitrisée, un service un peu moins stylé le jour du passage* de l'inspecteur, toujours anonyme, et voilà une étoile perdue, qu'il sera difficile de retrouver.

□ **automobiliste** 名 自家用車のドライバー、運転者

□ **pneu** 男 タイヤ（pneumatique の略）

□ **gastronome** 名 食通、美食家　□ **gastronomie** 女 美食術 [学]、料理法
　　　□ **gastronomique** 形 美食術 [学] の、料理法の
　　　□ **gourmand(e)** 名 食いしん坊　形 食いしん坊の　□ **gourmet** 男 食通

□ **assurer** 他動 …を保証する　□ **assurance** 女 保証、保険、自信

□ **clientèle** 女 （集合的に）客　□ **client(e)** 名 客、依頼人

□ **prêt(e) à + 不定詞** …する覚悟ができている、…の準備が整った

□ **élevé(e)** 形 高い

□ **composé(e)** 形 （複数の要素から）構成された、合成された
　　　□ **composer** 他動 …を構成する、作り上げる　□ **composition** 女 構成

□ **mets** 男 （一皿一皿の）料理　＊ plat と同義で、改まった表現。シェフは使わない。

> □ **plat** 男 料理　＊ mets も plat も調理したものに使われる
> □ **nourriture** 女 人間が食べるものの全体（フルーツ、野菜など）
> □ **repas** 男 料理全体、食事
> □ **aliment** 男 食品
> □ **alimentation** 女 （集合的に）食料、食生活

□ **accompagné(e) de** …を伴った、…に付き添われた

□ **cru** 男 （特定ブドウ園産の）特産ワイン = vin de cru、特定ブドウ園
　　un grand *cru* 特級格付けワイン

□ **prestigieux / prestigieuse** 形 最高級の、威信のある

□ **course** 女 競争〈la course à + 定冠詞 + 名詞〉…を目指しての競争、走ること
　　〔複数で〕（食料品、日用品の）買い物　□ **courir** 自動 走る

□ **éditeur** 男 出版社　□ **éditeur / éditrice** 名 発行人、編者
　　　□ **édition** 女 出版　□ **éditer** 他動 …を出版する

□ **figurer** 自動 （リストなどに）載っている　他動 …を表現する

□ **pression** 女 プレッシャー、圧力

□ **maitriser** 他動 …を制御する　□ **maitrise** 女 支配、熟達

□ **stylé(e)** 形 （使用人などが）よく教育された、きちんとしつけられた

□ **inspecteur / inspectrice** 名 視察官、監督官、私服刑事
　　　□ **inspection** 女 視察、監督　□ **inspecter** 他動 …を視察する、監督する

□ **anonyme** 形 匿名の、誰だかわからない　名 匿名の人物

概数表現

数詞に -aine をつけて概数を表すことがあります。

dizaine, douzaine, vingtaine, trentaine, quarantaine, …

〈une -aine de ＋無冠詞名詞〉で「約〜」を意味します。

Il y a une dizaine de kilomètres d'ici à la gare.
ここから駅まで約 10 キロあります。

接尾辞 -age（男性名詞をつくる語尾）

動詞 + -age

passer 通る　　→ passage 通過、立ち寄ること

raser …を剃る　→ rasage ひげなどを剃ること

名詞 + -age

① 集合　un outil 道具　　　→ l'outillage 道具一式

② 状態　une veuve 未亡人　→ le veuvage やもめ暮らし

③ 場所　un pays 国、地方　→ un paysage 風景

星を獲得する戦い（スターウォーズ）

　ミシュランガイドは素晴らしいアイデアから誕生した。1900 年、自家用車用にタイヤを購入する初期のドライバーたちに無料で提供されたのである。フランス発見の旅に出てもらうためだ。この小さな赤い本は、今ではすべての国の食通たちの参照本となった。世界中で 100 軒ほどのレストランが三つ星を獲得している。この三つ星は、客に対し、高額な代価が、洗練された料理と最高級ワインからなる食事に値することを保証する。しかし、その後、「星の獲得競争」を拒否し、出版社に対してミシュランガイドに掲載しないよう頼むシェフも現れた。彼らにとって、トップレベルにとどまることは、あまりに大きいプレッシャーなのだ。覆面調査員が訪れたその日に、少し冷めたスープ、火入れが過不足な魚、ややぎこちないサービスが供されれば、たちまち星はなくなり、再び獲得するのは難しい。

S'entrainer

1 Retrouvez dans le texte les mots correspondant aux définitions suivantes. テクスト内から定義に一致する単語を見つけましょう。

1. Personne qui aime la bonne cuisine. ⟨名⟩
2. Ensemble des personnes qui fréquentent un restaurant.

⟨女⟩
3. Animal aquatique. ⟨男⟩
4. Apparaitre, se trouver (quelque part). ⟨他動⟩
5. Potage généralement préparé avec des légumes. ⟨女⟩

2 Choisissez entre ⓐ et ⓑ le mot souligné dont le sens est identique à celui du texte. 下線部がテクスト内と同じ意味のものを選びましょう。

1. ⓐ Il faut que j'aille au service des impôts.
   ⓑ Le service, dans ce café, est vraiment très lent.
2. ⓐ J'ai quelques bons crus dans ma cave.
   ⓑ Les Japonais mangent du poisson cru.
3. ⓐ Mesdames, messieurs, suivez le guide, s'il vous plait.
   ⓑ Nous avons acheté un guide pour notre voyage au Maroc.
4. ⓐ Au Maroc, nous sommes restés dans un hôtel trois étoiles.
   ⓑ Je crois en mon étoile : j'ai toujours de la chance.
5. ⓐ Mon chef, au bureau, n'est guère sympa.
   ⓑ Paul Bocuse était un grand chef.

3 Choisissez le mot qui convient. 適切な語を選びましょう。

1. En 1900, posséder une voiture était [courant / nouveau].
2. On appelle le guide Michelin « le petit livre [bleu / rouge] ».
3. Un gastronome est une personne qui aime [cuisiner / manger] de bons plats.
4. Le bœuf bourguignon est [une cuisson / un plat] délicieux.

Comprendre Vrai ou faux ? テクストの内容と合っているか考えましょう。(23)

1. Il n'y a pas d'habitants sur l'ile de Clipperton.　　　　( )
2. Cette ile a changé de nom au cours de son histoire.　　　( )
3. Des marins y vont chaque année pour y faire flotter le drapeau français.　　　　　　　　　　　　　　　　　　　　　　( )
4. Cette ile est française depuis deux siècles.　　　　　　( )
5. Il y a une poste sur l'ile.　　　　　　　　　　　　　　( )

(24)

　　Sur le parvis de Notre-Dame, à Paris, il y a une plaque indiquant le point zéro de calcul des distances en France. À exactement 10 766 km de là, se trouve un ilot français inhabité, perdu au milieu de l'océan Pacifique nord, autrefois appelé ile de la passion et aujourd'hui nommé ile de Clipperton. On y trouve le seul lagon d'eau douce au monde. Des marins y passent quelques heures tous les deux ou trois ans*, afin de hisser le drapeau tricolore et maintenir ainsi la nationalité de ce* qui est le plus petit territoire français, soit 8,9 km², revendiqué par le Mexique dans le passé. Découverte en 1711, cette ile minuscule représente une zone économique maritime très importante pour la France et encore sous exploitée. Elle est poissonnière et riche en réserves minières. Vous pouvez y envoyer une lettre (son code postal est le 98 799) mais à qui ?

□ **ile** 女 島　□ **ilot** 男 小島

□ **marin** 男 船員、船乗り　□ **maritime** 形 海上の、海に面した

□ **parvis** 男 (教会前の) 広場

□ **plaque** 女 表示板、プレート

□ **indiquer** 他動 …を指し示す、教える　□ **indication** 女 表示、指示

□ **calcul** 男 計算　□ **calculer** 他動 計算する

□ **distance** 女 距離、ギャップ

□ **exactement** 副 正確に　□ **exact(e)** 形 正確な

□ **inhabité(e)** 形 人が住んでいない、無人の

□ **perdu(e)** 形 辺鄙な、人里離れた、紛失した

□ **milieu** 男 ① 中央　□ **au milieu de ...** …の真ん中で　doigt du *milieu* 中指

　　② 半ば　depuis le *milieu* du vingtième siècle　20 世紀半ばから

　　③ 環境　*milieu* familial 家庭環境

　　④ ～界　les *milieux* politiques 政界

□ **pacifique** 形 平和的な、穏やかな　océan *Pacifique* 男 太平洋

□ **autrefois** 副 かつて

□ **passion** 女 情熱　□ **passionner** 他動 …を熱中させる

□ **nommé(e)** 形 …と呼ばれる、…という名前の、任命された

□ **lagon** 男 礁湖 (環礁に囲まれた浅い海)

□ **eau douce** 女 淡水、軟水

□ **hisser** 他動 (旗などを) 揚げる

□ **tricolore** 形 3色の　drapeau *tricolore* 3色旗 (フランス国旗)

□ **maintenir** 他動 維持する、保つ

□ **territoire** 男 領土、国土　*territoire* métropolitain 本土

□ **revendiquer** 他動 要求する、(自分のものであることを) 主張する

□ **minuscule** 形 ごく小さい

□ **zone** 女 地帯、地区

□ **exploité(e)** 形 開発された　sous-exploité(e) 開発されていない

□ **poissonnier / poissonnière** 名 魚屋

□ **réserve** 女 備蓄　〔複数〕埋蔵鉱量

□ **minier / minière** 形 鉱山の

□ **code** 男 コード　*code* postal 郵便番号

回数を表す表現

「私たちは年に一度フランスに帰国する」は Nous rentrons en France une fois par an. ですが、par の後に数字を入れることはできません。「～年ごとに」は tous les ～または toutes les ～の表現を使います。

Nous rentrons en France une fois *tous les* 2 ans.
私たちは 2 年に一度フランスに帰国します。

Ma grand-mère doit aller à l'hôpital une fois *par* mois.
祖母は月に一度病院に行かねばならない。

Ma grand-mère doit aller à l'hôpital une fois *tous les* 2 mois.
祖母は 2 ヶ月に一度病院に行かねばならない。

関係代名詞の先行詞 ce

関係代名詞の先行詞の ce は、「こと」「もの」という意味になります。

Tu sais *ce* que je vais faire demain : aller nager.
あした僕がすること知ってる？　泳ぎに行くよ。

Tu sais *ce* dont j'ai besoin : d'une bonne douche !
私に必要なものがわかる？　ゆったりとしたシャワーだよ！

Tu sais *ce* qui est arrivé à Paul ?
ポールに起こったこと知ってる？

フランスの小さなかけら

　パリのノートルダム大聖堂前広場に、フランスの距離計測の基点ゼロポイントを示す表示板がある。そこから正確に 10,766 キロメートル、北太平洋の真ん中に、ぽつんとフランス領の小さな無人島がある。かつては情熱の島と呼ばれ、今はクリッパートン島と名づけられている。ここには世界で唯一の淡水の礁湖がある。2、3 年ごとに水兵たちが三色旗を掲げるためにここで数時間を過ごす。8.9 平方キロメートルの最も小さいフランスの領土の国籍を維持するためである。この島はかつてメキシコに領有権を主張されたこともあった。1711 年に発見されたこのごく小さい島は、フランスにとってまだ開発途上の非常に重要な海洋経済地帯である。魚や鉱山資源埋蔵量が多い。島には手紙を送ることもできる。郵便番号は98799。でも誰に宛てて？

S'entrainer

1 Répondez aux questions. 質問に答えましょう。

1. Qu'indique la plaque au sol, devant Notre-Dame ?

2. Quelle phrase du texte explique le changement de nom de l'ile ?

3. Quelle est la particularité de cette ile ?

4. Que permet le fait de hisser le drapeau français sur l'ile ?

5. Quel pays pensait avoir un droit sur cette terre française ?

2 Retrouvez le mot qui convient dans le texte. テクスト内から適切な単語を見つけましょう。

1. un mot synonyme de « isolé »   :
2. un mot signifiant « une toute petite ile »   :
3. un verbe signifiant « faire valoir son droit»   :
4. deux mots dérivés de « mer »   :
5. une expression signifiant « riche en poissons »   :
6. un mot dérivé de « mine »   :

3 Barrez l'intrus (le mot qui ne convient pas dans la série). 適切でない単語に線を引きましょう。

1. de l'eau → douce / gazeuse / mûre / potable / salée
2. le code → civil / postal / pénal / privé / secret
3. la nationalité → espagnole / française / hindoue / russe / suisse
4. l'océan → Atlantique / Austral / Baltique / Indien / Pacifique

Comprendre Vrai ou faux ? テクストの内容と合っているか考えましょう。 🎧25

1. Notre-Dame de Paris représente Paris dans l'esprit des gens. ( )
2. La cathédrale a brulé en fin d'année 2019. ( )
3. Beaucoup de personnes ont pleuré devant ce drame. ( )
4. Seules les personnes croyantes ont été émues. ( )
5. L'écrivain Victor Hugo aimait beaucoup Notre-Dame. ( )

🎧26

Le 15 avril 2019, les télévisions ont retransmis en direct les images d'une catastrophe qui a touché le cœur des Français : l'incendie de Notre-Dame de Paris, un des monuments les plus emblématiques de la capitale française. Dès que la nouvelle a été connue, les Parisiens et les touristes se sont précipités très nombreux pour découvrir le drame. Certains, croyants de toutes les religions ou non croyants, n'ont pu cacher leur émotion et ont fondu en larmes. D'autres ont prié afin que * cet édifice vieux de plusieurs siècles résiste. Il avait fallu presque 200 ans pour le construire : il semblait inimaginable que le feu puisse l'abattre en quelques heures. Mais, comme souvent désormais, de nombreuses personnes se sont déplacées uniquement pour faire un selfie, avec le brasier pour décor de fond. Qu'aurait dit de cela le plus célèbre amoureux de Notre-Dame, Victor Hugo ?

Décrypter

□ **retransmettre** 他動 **... en direct** …を生放送する
　retransmission en direct [différé] 生 [録画] 放送

□ **catastrophe** 女 大惨事、大災害　□ **catastrophique** 形 大惨事の、壊滅的な

□ **toucher** 他動 心を打つ、…に触る、…に関係する　□ **touchant(e)** 形 感動的な

□ **incendie** 女 火災、火事　□ **incendier** 他動 …に火をつける
　　　□ **incendiaire** 形 火災を起こさせる　名 放火犯

□ **monument** 男 歴史的建造物　□ **monumental(e)** 形 記念建造物の、壮大な

□ **emblématique** 形 象徴的な　□ **emblème** 男 象徴、象徴的な図柄

□ **se précipiter** 代動 駆けつける、急ぐ
　　　□ **précipitation** 女 大急ぎ、慌ただしさ

□ **nombreux / nombreuse** 形 多くの　＊〔動詞の後で副詞的に〕大勢で

□ **drame** 男 惨事、劇的事件　□ **dramatique** 形 劇的な、悲惨な、演劇の
　　　□ **dramatiquement** 副 悲惨に、深刻に

□ **croyant(e)** 名 信者 ＊ croire の現在分詞　形 信仰している、信心深い
　⇔ □ **athée** 無神論の [者]　□ **croyance** 女 信仰、信じること、信頼

□ **émotion** 女 心の動揺、感動、興奮　□ **émotionnel(le)** 形 感情の
　　　□ **émotionner** 他動 〔話〕…を感動させる
　　　□ **émouvoir** 他動 …を感動させる

□ **fondre en larmes** [pleurs] 泣き崩れる

□ **prier** 自動 祈る　□ **prière** 女 祈り

□ **afin que** + **接続法**（= pour que + 接続法）…するために

□ **édifice** 男 大建造物

□ **résister** 他動 持ちこたえる、…に抵抗する　□ **résistance** 女 抵抗、持久力

□ **inimaginable** 形 考えられないような、想像を絶した

□ **abattre** 他動 …を打ち壊す、…を疲労させる

□ **se déplacer** 代動 移動する、動き回る

□ **uniquement** 副 ただ、単に　□ **unique** 形 唯一の、独自の

□ **selfie** 男 自撮り

□ **décor de fond** 男 ホリゾント（舞台やスタジオで使われる背景用の布製の幕または壁、またそれを照らす照明）

□ **brasier** 男 昔パン屋が使った火消し壺、焼け跡、炎

afin que, pour que の用法

　「…するために」を表す afin que / pour que は、que の後に文〈主語＋動詞（接続法）〉が続きますが、afin de / pour の場合は、後に不定詞が続きます。通常、前者は主節の主語と従属節の主語とが異なる場合に、後者は不定詞の主語が主節の主語と同じ場合に用いられます。

　afin que / afin de は改まった言い方で、日常的には pour que / pour ＋ 不定詞が用いられます。

主節［主語 A］afin que / pour que［主語 B］

Je te donne ce roman *afin que* tu le lises !〔書き言葉〕
君が読むのにこの小説をあげるよ。

Si je te donne ce roman, c'est *pour que* tu le lises !〔話し言葉〕
この小説をあげるのは、君にそれを読んでもらいたいから。

主節［主語 A］afin de / pour 不定詞［不定の意味上の主語は A］

Léo va aller au Japon *afin d*'apprendre le japonais.

Léo va aller au Japon *pour* apprendre le japonais.
レオは日本語を学ぶために日本に行くつもりだ。

＊ afin de のほうが意志がより強いことを表す。

燃えている！

　2019 年 4 月 15 日、テレビで大惨事の映像が生中継され、フランス人は心を痛めた。フランスの首都の最も象徴的な建築物のひとつ、パリのノートルダム大聖堂の火災である。ニュースが伝えられるとすぐに、パリの人々や観光客が惨劇を見るために大勢駆けつけた。あらゆる宗教の信者、あるいは信者でない者も、動揺を隠さず泣き崩れた。また、何世紀も続くこの古い建物が持ちこたえるように祈る者もいた。約 200 年の歳月をかけて建てられたのだ。火災が数時間で燃やし尽くすことなど想像さえできなかった。しかし、その後、よく見られるように、多くの人たちが焼け跡を背景に自撮りをするためだけにわざわざそこへ行った。ノートルダムをこよなく愛したヴィクトル・ユゴーがこの光景を見たらなんと言うであろうか。

S'entrainer

1 Retrouvez dans le texte les informations suivantes. テクスト内から単語を見つけましょう。

1. les deux noms synonymes de « feu » : ....
2. les deux noms synonymes de « bâtiment » : ....
3. les deux noms synonymes de « événement » : ....
4. un adverbe synonyme de « seulement » : ....
5. une expression synonyme de « pleurer » : ....
6. les deux verbes conjugués au subjonctif présent : ....
7. un verbe signifiant « venir très vite » : ....

2 Choisissez la réponse qui convient. 正しい答えを選びましょう。

1. L'incendie a été vécu comme un drame :
   ⓐ seulement par les Catholiques du monde entier.
   ⓑ par presque tous, parce que Notre-Dame est un symbole de Paris.

2. Au moment de l'incendie,
   ⓐ les Français ont envisagé que la cathédrale allait s'effondrer.
   ⓑ les Français étaient certains que la cathédrale allait résister.

3. Le narrateur :
   ⓐ approuve le fait d'avoir pris des selfies à ce moment-là.
   ⓑ désapprouve le fait d'avoir pris des selfies à ce moment-là.

3 Barrez le mot qui ne convient pas (dans chaque série). 他の語と違う語を消しましょう。

1. un incendie / une inondation / un feu / un brasier / un embrasement
2. un selfie / une photographie / un cliché / un instantané / un film
3. une mairie / une place / une école / une bibliothèque / un cinéma
4. l'islam / le catholicisme / le bouddhisme / le judaïsme

Comprendre Vrai ou faux ? テクストの内容と合っているか考えましょう。 🔊27

1. En France, les touristes rencontrent peu de problèmes. ( )
2. Les restaurants, en France, servent toujours des plats « fait maison ».
( )
3. Faire payer un pourboire est normal en France. ( )
4. Certains touristes connaissent mal les euros. ( )
5. Tous les commerçants français sont malhonnêtes. ( )

🔊28

Où qu'il aille*, le touriste est souvent arnaqué. Paris n'y échappe pas. 50 centimes d'euro pour une rondelle de citron dans votre boisson : voilà le prix à payer* dans ce bistrot pas très loin de la tour Eiffel ! Certains restaurants se contentent de réchauffer au four à micro-ondes des plats tout préparés, le « chef » ajoutant un peu de persil frais pour donner l'impression du « fait maison ». Des brasseries facturent le pourboire, ce qui est illégal. Certains serveurs se trompent volontairement en rendant la monnaie à des touristes peu familiers des billets et des pièces en euros. Le service peut être exécrable, parce que le patron privilégie sa clientèle d'habitués plutôt que les personnes de passage, qui ne reviendront pas. Heureusement, il y a aussi des commerçants honnêtes, souriants et accueillants. Évitez les établissements situés près des lieux touristiques : tous les Parisiens vous le diront.

□ **arnaque** 囡〔話〕ぺてん、詐欺　□ **arnaquer** 他動 …をペテンにかける

□ **fait maison** 自家製の

□ **pourboire** 男 チップ

□ **certain(e)** 形
① 名詞の前で：〈~＋s＋複数名詞〉ある~、いくらかの　＊普通、冠詞はつけない
〈un ～ ＋名詞〉ある～　dans *un certain* sens ある意味では
かなりの～　une femme d'un *certain* âge 年配の女性
② 名詞の後で：確かな　progrès *certains* 着実な進歩

□ **commerçant(e)** ＊ commercer の現在分詞 名 商人

動詞の現在分詞で、職業や肩書きを表す語

étudier → étudiant(e) 学生　　　　　participer → participant(e) 参加者
enseigner → enseignant(e) 教師　　　apprendre → apprenant(e) 学習者
représenter → représentant(e) 代表者、セールスマン
diriger → dirigeant(e) 幹部

□ **malhonnête** 形 不誠実な、でたらめな ⇔ □ **honnête** 形 誠実な

□ **où que** ＋接続法 どこへ…しても

□ **échapper** 他動 à ...…を免れる

□ **rondelle** 囡 輪切り

□ **se contenter** 代動 de ... …で満足する、がまんする、…するにとどめる

□ **réchauffer** 他動 温め直す

□ **four à micro-ondes** 男 電子レンジ　micro-onde 囡 マイクロ波

□ **persil** 男 パセリ

□ **facturer** 他動 …を請求する、請求書を作成する

□ **illégal(e)** 形 違法の ⇔□ **légal(e)** 形 合法の

□ **volontairement** 副 故意に、わざと、自分の意志で

□ **exécrable** 形 ひどい、最悪の

□ **privilégier** 他動 特別扱いする、…に特権を与える

□ **de passage** つかの間の、行きずりの　oiseau *de passage* 渡り鳥、風来坊

□ **souriant(e)** 形 にこやかな　□ **sourire** 自動 にっこり笑う

□ **accueillant(e)** 形 もてなしのよい、愛想のいい　□ **accueillir** 形 もてなす

□ **éviter** 他動 避ける

□ **établissement** 男 施設、商店　*établissement* militaire 軍事施設

接続法を使った表現

où que + 接続法　　: *où qu'*il aille どこに行こうとも

quoi que + 接続法　: *quoi qu'*il fasse 彼が何をしようと

qui que + 接続法　　: *qui que* tu sois きみが誰であれ

　　　　　　　　　　　　Il ne faut pas le dire à *qui que* ce soit.
　　　　　　　　　　　　誰であれ、そのことを言ってはいけない。

〈名詞＋ à ＋不定詞〉の表現

　動詞で名詞を修飾する表現です。

　　le prix *à* payer 払われる値段

　　une maison *à* vendre /une maison *à* louer 売家 / 貸家

　　un livre *à* lire 読むべき本

　　un film *à* voir 観るべき映画

　　Il y a quelque chose *à* manger ? 何か食べるものありますか。

　　Non, il n'y a rien *à* manger. いえ、食べる物は何もありません。

　　Il y a beaucoup de monuments *à* visiter à Paris.
　　パリには見学できる建造物がたくさんあります。

　　Vous avez quelque chose *à* faire aujourd'hui ?

　　– Oui, j'ai du travail *à* finir.
　　「今日何かやることありますか？」「はい、終えなければならない仕事があります」

　　J'ai des questions *à* vous poser. あなたに質問したいことがあります。

ごまかし

　どこへ行こうと、旅行者はよく騙される。パリも例外ではない。飲み物に一切れのスライスレモンで 50 サンチーム。これがエッフェル塔からさほど遠くないビストロで払わなければならない値段だ！ 調理済みの料理を電子レンジで温めるだけのレストランもある。「自家製」らしく見せるために「シェフ」は生パセリを少し加える。チップを請求するという違法を行なうブラッスリーもある。ユーロ紙幣や硬貨に不慣れな旅行者にお釣りを返す際、わざと間違える接客係もいる。店の主人は、もう来ないであろう一見客より常連客を贔屓にし、サービスがひどいこともある。幸いなことに、にこやかに歓迎してくれる誠実な商売人もいる。「観光地近くにある店には行かないように」。パリの人はみな、こう言うだろう。

S'entrainer

1 Trouvez, dans le texte, une expression synonyme. テクスト内から同じ意味で使われている表現をみつけましょう。

1. « Partout dans le monde »   : ....
2. « Cuisiné et préparé sur place »   : ....
3. « ne connaissent pas bien »   : ....
4. « contraire à la loi »   : ....
5. « C'est un conseil des Parisiens. » : ....

2 Choisissez la bonne explication (pour ce texte). このテクストにおける正しい説明を選びましょう。

1. Une personne accueillante
   ⓐ est une personne qui accueille les clients d'un restaurant.
   ⓑ est une personne gentille et souriante.

2. Une personne de passage
   ⓐ est une personne qui vient pour la 1ère fois dans un lieu et n'y reviendra pas.
   ⓑ est une personne qui prend le train ou l'avion (= un passager).

3. Un habitué
   ⓐ est une personne qui a l'habitude de boire la même boisson.
   ⓑ est quelqu'un qui vient très souvent dans un endroit (un café par exemple).

4. La clientèle
   ⓐ est une personne de sexe féminin qui fait des achats.
   ⓑ est l'ensemble des clients d'un commerce.

5. Le patron
   ⓐ est une personne qui dirige un commerce.
   ⓑ est un professeur qui dirige un service à l'hôpital.

Comprendre Vrai ou faux ? テクストの内容と合っているか考えましょう。 (29)

1. Les Français consomment le plus d'antidépresseurs en Europe. ( )
2. La vie était plus facile autrefois. ( )
3. Un Français vit deux fois plus longtemps maintenant qu'en 1850. ( )
4. Les Français sont toujours de bonne humeur. ( )
5. Les Français, comme les Bhoutanais, calculent leur BNB. ( )

(30)

Les Français sont les deuxièmes plus gros consommateurs de médicaments antidépresseurs en Europe. Pourtant, la vie, aujourd'hui, n'a plus rien à voir avec celle, difficile, vécue par les générations précédentes. Le niveau de vie* a considérablement augmenté, l'espérance de vie* a doublé depuis 1850, les progrès matériels sont extraordinaires. La France bénéficie aussi d'un système de protection sociale envié par les Étrangers. Alors comment expliquer cet esprit bougon, ces idées noires, ce côté grincheux perpétuel ? Les spécialistes ne sont pas d'accord. Pour les uns, le système scolaire serait en cause, car il sanctionnerait au lieu d'encourager. Pour d'autres, ce serait la peur face à une société qui évolue trop vite. Le remboursement de ces médicaments serait trop généreux et les médecins les prescriraient trop facilement. S'ajoutent à ces analyses la libéralisation des mœurs et le déclin des religions. Faudra-t-il introduire en France le calcul d'un BNB ou Bonheur National Brut, comme l'ont fait les Bhoutanais ?

□ **consommer** 他動 …を消費する、食べる、飲む

□ **antidépresseur** 男 抗鬱剤

> ＊接頭辞 anti- 予防 、反対 ⟺ pro-, phil(o)- …に味方する
> **antibiotique** 抗生物質

□ **consommateur / consommatrice** 名 消費者　形 消費する、消費の
　　□ **consommation** 女 消費、（カフェなどでの）飲食物

□ **n'avoir rien à voir avec [dans] ...** …と何の関係もない

□ **considérablement** 副 著しく

□ **augmenter** 自動 増加する　他動 …を増やす　□ **augmentation** 女 増加

□ **espérance** 女 希望　*espérance* de vie 平均余命→ p.66

□ **matériel** 男 設備、機材

□ **extraordinaire** 形 著しい、なみはずれた、特別の
　　□ **extraordinairement** 副 非常に、並外れて

□ **bénéficier** 自動 **de ...** …の恩恵に浴する、…を享受する

□ **envier** 他動 …をうらやむ

□ **bougon(ne)** 形 気難しい、機嫌の悪い
　　□ **bougonnement** 男 ぼやき　□ **bougonner** 自動 ぶつぶつ不平を言う

□ **grincheux / grincheuse** 形 名 気難しい（人）

□ **perpétuel(le)** 形 永久の、絶えず繰り返される

□ **sanctionner** 他動 …を罰する、…を認める

□ **au lieu de ...** …ではなく、…の代わりに

□ **évoluer** 自動 変化する、進展する　□ **évolution** 女 変化

□ **remboursement** 男 払戻し、返済　□ **rembourser** 他動 …を払い戻す

□ **généreux / généreuse** 形 気前のよい、寛大な
　　□ **généreusement** 副 気前よく、寛大に　□ **générosité** 女 気前よさ、寛大

□ **prescrire** 他動 （薬を）処方する　□ **prescription** 女 処方

□ **libéralisation** 女 自由化　□ **libéraliser** 他動 …を自由化する

□ **mœurs** 女〔複数〕生活習慣、風俗、素行

□ **déclin** 男 衰退　□ **décliner** 自動 衰える　□ **déclinant(e)** 形 衰えつつある

□ **calcul** 男 計算 、予測　□ **calculer** 他動 …を計算する、…を予測する

□ **BNB** (= Bonheur National Brut) 国民総幸福量

□ **Bhoutanais(e)** 名 ブータン人

指標表現

l'espérance de vie	平均余命
le niveau de vie	生活水準
le produit intérieur brut (PIB)	国内総生産
le produit national brut (PNB)	国民総生産
le taux de change	為替レート
le taux de chômage	失業率
le salaire minimum interprofessionnel de croissance (SMIC)	全産業一律 スライド制最低賃金
le taux de dette publique	国債率
le taux de mortalité infantile	乳幼児死亡率
le taux d'évolution de la consommation médicale	医療費の変動
l'indice de l'économie	経済指標
l'indice du cout de la vie	生計費指数
l'indice d'écoute	視聴率
l'indice d'inconfort	不快指数
le quotient intellectuel (QI)	知能指数

決して満足しない

　フランス人はヨーロッパで2番目に抗鬱剤の消費量が多い。しかしながら、今日の生活は、以前の苦しかった世代の生活とはもはやかけ離れている。生活水準は著しく向上し、平均余命は1850年の2倍に伸び、機器の進歩は目ざましい。フランスは外国人がうらやむような社会保障の恩恵にも浴している。では、フランス人の気難しい気質、憂鬱な考え、絶え間ない不平はどのように説明すればいいのだろうか。専門家たちにも一致した意見はない。励ますのではなく罰するという教育制度に原因があるという人もいる。また、めまぐるしく変わる社会に対する不安からだという人もいる。薬代があまりにも気前よく払い戻してもらえ、医者もあまりにも簡単に処方してくれるからであろう。このような分析に加え、社会道徳の自由化と宗教の衰退がある。ブータンの人々が行なったように、フランスもBNB（国民総幸福量）を取り入れなければならないのだろうか。

S'entrainer

1 Associez comme il convient. 説明に適応する語句を選択肢から選びましょう。

ⓐ l'espérance de vie	ⓑ la libéralisation des mœurs
ⓒ le niveau de vie	ⓓ la protection sociale
ⓔ le déclin religieux	ⓕ le système scolaire

1. Elle est de 79 ans pour les hommes et 85 ans pour les femmes (2019).　　　　　　　　　　　　　　　　　　　　（　）
2. Il était de 20 820 euros par an par personne en 2017.　（　）
3. Les indemnités de chômage en font partie.　　　　　　（　）
4. Le mariage gay.　　　　　　　　　　　　　　　　　（　）
5. 4,5% des Français vont à la messe le dimanche.　　　　（　）
6. 15% des élèves ne lisent pas bien à la sortie de l'école primaire. (　)

2 Complétez chaque phrase avec un verbe trouvé dans le texte et conjugué au temps qui convient. テクスト内から動詞を選び、適切な形にして文を完成させましょう。

1. Cet élève ne travaille pas bien : il a été ＿＿＿＿＿＿ par son professeur.
2. Nadia ＿＿ toujours ＿＿＿＿＿＿ Julie, parce qu'elle est riche et très belle.
3. Hier, mon docteur m' ＿＿＿＿＿＿ un sirop pour la toux.
4. Il faudrait que tu ＿＿＿＿＿＿ quelques explications dans ton rapport. Il n'est pas clair.
5. Le chocolat a été ＿＿＿＿＿＿ en Europe en 1519.
6. Le prix de ce produit ＿＿＿＿＿＿ : il est passé de 5 à 10 euros.
7. Pourrais-tu m' ＿＿＿＿＿＿ cette phrase en japonais ?
8. Avec cette crise, la situation va ＿＿＿＿＿＿ de jour en jour.

Comprendre Vrai ou faux ? テキストの内容と合っているか考えましょう。 31

1. Le mot chanson a le même sens en France et au Japon. （　）
2. Le mot chanson désigne un genre musical spécifique en France. （　）
3. En France, une chanson, c'est un texte, avec un refrain, mis en musique. （　）
4. Le mot « encore » a un sens différent en français et en japonais. （　）
5. À la fin d'un concert, en France, on crie « bis » ou « une autre ». （　）

32

Le mot « chanson* » est souvent source de quiproquos entre Français et Japonais, parce que ce nom a changé de sens en passant d'une langue à l'autre. Un jour où* je m'exclamais « Quelle jolie chanson japonaise ! » à l'écoute d'un tube du groupe Yuzu, mon ami Kenji a semblé confus. Pour lui, ce morceau n'avait rien à voir avec les succès des années 1930 comme « Parlez-moi d'amour » ou encore les très célèbres « Feuilles mortes », devenus ici un genre musical spécifique. C'était un morceau de musique pop. Pour moi, c'était un texte mis en musique, avec un refrain, sur une jolie mélodie, définition exacte d'une chanson. J'avais tellement aimé l'harmonie des voix des deux chanteurs que j'ai crié « bis, bis, une autre[1] ! », mais Kenji m'a dit qu'ici, on disait « Encore ! ». Oh là là ! Pas facile de parler ma langue avec des Japonais !

1) une autre = une autre chanson

□ **sens** 男 意味、感覚

□ **désigner** 他動 意味する、指し示す　□ **désignation** 女 指定、指示

□ **genre** 男 ジャンル、種類

□ **spécifique** 形 固有の、特有の　□ **spécificité** 女 特性、特異性

□ **bis** 男 2 度、アンコール

□ **source** 女 源、原因

□ **quiproquo** 男〔ラテン語〕とり違い、勘違い

□ **s'exclamer** 代動 叫ぶ、声を上げる
　　　　□ **exclamation** 女 感嘆　point d'*excalamtion* 感嘆符

□ **tube** 男 ヒット曲

□ **écoute** 女 聴取、視聴

□ **confus(e)** 形 混乱した
　　　　□ **confondre** 他動 …を混同する　□ **confusion** 女 混乱、混同

□ **morceau** 男 曲、一片、一塊

□ **musical(e)** 形 音楽の、音楽的な　comédie *musicale* 女 ミュージカル

□ **musique** 女 音楽、楽譜

> □ **instrument** 男 楽器　□ **instrumental(e)** 形 楽器の
> □ **pièce** 女 曲　*pièce* [morceau] vocale 声楽曲
> □ **partition** 女 楽譜　jouer sans *partition* 暗譜で演奏する
> □ **texte** 男 歌詞
> □ **couplet** 男 歌の節　le premier *couplet* 1 番の歌詞
> □ **note** 女 音符、音、調子
> □ **lyrique** 形 オペラの、楽曲のついた

□ **succès** 男 成功

□ **célèbre** 形 有名な

□ **feuille** 女 葉　*feuille* morte 枯れ葉

□ **mélodie** 女 メロディー、旋律

□ **définition** 女 定義　□ **définir** 他動 …を定義する

□ **harmonie** 女 ハーモニー、調和

□ **voix** 女 声、歌声　à *voix* haute [bas] 大声で［小声で］

□ **crier** 他動 叫ぶ、大声で言う

意味を間違えやすいフランス語

menu 男 （レストランでの）コース　×メニュー　＊メニューは carte 女

car 男 長距離バス　×自動車

stage 男 研修　×ステージ

crayon 男 鉛筆　×クレヨン

veste 女 ジャケット　×ベスト、チョッキ

manteau 男 コート　×マント　＊マントは cape 女

pain 男 フランスでは甘くない、食事と一緒に食べるパンのみを指す。菓子パンは viennoiserie 女 。クロワッサンもパンではない。

時間表現としての関係代名詞 où

関係代名詞 où は場所だけではなく、時間の表現にも用います。

Le jour *où* je suis né, mon père a pleuré.
私が生まれた日、父は泣きました。

À l'époque *où* j'habitais à Paris, ma vie n'était pas facile.
私がパリに住んでいた時代、生活は大変でした。

Au moment *où* je suis sorti, un orage a éclaté.
私が外に出た時、嵐になった。

シャンソン

　chanson という語は、フランス人と日本人の間でよく誤解の源となる。この言葉は、一方から他方へ移るときに意味が変わってしまったからだ。ある日「ゆず」のヒット曲を聴いていた私が「なんてきれいな日本のシャンソンなんだ」と声をあげると、友人のケンジは混乱した様子だった。彼にとって、『聞かせてよ、愛の言葉を』や、あまりにも有名な『枯葉』といった、1930 年代にヒットし、日本でひとつの特有なジャンルとなった曲とは、全く別物だったからである。（ケンジにとって）これはポップミュージックなのだ。私にとっては、リフレインがあって、きれいなメロディーに乗せて曲になった歌詞は「シャンソン」の定義そのものだ。「ゆず」のふたりの歌手のハーモニーがあまりにも気に入ったので、「bis！bis！une autre！（もう 1 度、もう 1 曲！）」と叫んだ。しかしここでケンジは「そういうときは Encore（アンコール）」って言うんだよ」。おやおや、私の母国語で日本人と話すのは簡単ではないな。

S'entrainer

1 Retrouvez le mot du texte, d'après sa définition. テクスト内から定義に合う単語を見つけましょう。

1. Combinaison de sons agréables à l'oreille : .... 女

2. Chanson, disque à succès. : .... 男

3. Malentendu : .... 男

4. Suite de notes musicales agréable à l'oreille : .... 女

5. Partie des végétaux leur permettant de respirer : .... 女

6. Phrases répétées à la fin de chaque couplet d'une chanson

: .... 男

2 Complétez les phrases suivantes à l'aide de mots vus dans le texte. テクスト内の単語を参考にして、文を完成させましょう。

1. Ce chanteur d'opéra a une .... grave.

2. Les parents doivent être à l'................................ de leurs enfants.

3. J'ai dans la tête la .... de cette chanson.

4. Ton discours est .... ! Personne ne te comprend.

5. « Le voyage de Chihiro » a eu du .... en France.

6. C'est l'automne : les .... des arbres ont une jolie couleur rouge.

3 Choisissez le mot qui convient parmi les 2 homophones. [　] 内の同音異義語から適切なほうを選びましょう。

1. Cette chanteuse lyrique a une très jolie [voie / voix] !

2. Le jour [ou / où] je me suis marié, on a chanté cette chanson !

3. La musique est forte : cela me donne des [maux / mots] de tête !

4. Ce poème n'a jamais été [mie / mis] en musique !

5. Désolé, je n'ai jamais entendu parler [deux / d'eux].

Masculin, féminin ? Féminin, masculin ?

Comprendre Vrai ou faux ? テクストの内容と合っているか考えましょう。 33

1. Les règles de la langue française sont un sujet de débat, en France.

( )

2. Les règles d'une langue ne changent jamais. ( )
3. La féminisation des professions est un phénomène nouveau. ( )
4. Le masculin l'a toujours emporté sur le féminin, en français. ( )
5. Ce genre de débat va certainement continuer, dans le futur. ( )

34

Les spécialistes de la langue française adorent se déchirer sur des sujets tels que, pour les plus récents, la nouvelle orthographe des mots (1990), l'écriture inclusive (2017) ou la féminisation des noms de métiers acceptée, et c'est une révolution, en 2019 par l'Académie française. Ils semblent oublier qu'une langue est vivante, qu'elle évolue avec l'époque et les changements sociétaux. Ainsi, l'emploi au féminin des professions était courant au Moyen Âge. Doit-on se battre aujourd'hui pour savoir s'il faut dire une auteure, une autrice, une auteuse, sachant que ces trois mots sont facilement compréhensibles par tous les Francophones ? L'usage en imposera un... ou non. De même, les règles d'orthographe et de grammaire ne sont pas figées. Si* aujourd'hui, on apprend que « le masculin l'emporte sur le féminin » dans certains cas, cela n'a pas été toujours vrai. Les latinistes* le savent bien. Les exemples sont nombreux. Les polémistes ont encore de beaux jours devant eux !

□ **débat** 男 議論、討論　□ **débattre** 他動 …を議論する

□ **féminisation** 女 語の女性化、職場における女性の進出、増加

　　　　□ **féminin** 男 女性形、女性の特性 ⟺ □ **masculin** 男 男性形

□ **phénomène** 男 現象

□ **l'emporter sur ...** …よりまさる、優位に立つ

□ **se déchirer** 代動 (国、集団などが) 分裂する、破れる

　　　　□ **déchirant(e)** 形 悲痛な　□ **déchiré(e)** 形 裂けた、分裂した

　　　　□ **déchirement** 男 (国、集団などの) 分裂　□ **déchirure** 女 裂け目

□ **inclusif / inclusive** 形 包括的な ⟺ □ **exclusif / exclusive** 形 独占的な

　　　　□ **inclure** 他動 …を含める

　　　　□ **inclus(e)** 形 含まれた　□ **inclusion** 女 含めること

　　　　□ **inclusivement** 副 含めて ⟺ □ **exclusivement** 副 含めずに、除いて

□ **métier** 男 (一般的に) 職業

　　〔比較〕□ **profession** 女 職業 ＊公文書または社会的地位の高い職種に用いる

□ **révolution** 女 革命、大改革

　　　　□ **révolutionnaire** 形 革命の、革新的な　名 革命家

　　　　□ **révolutionner** 他動 …を激変させる

□ **vivant(e)** 形 生きている、活発な

　　　　□ **vivacité** 女 活発さ　□ **vivement** 副 活発に

　　　　□ **vivre** 自動 生きる ⟺ **mourir** 自動 死ぬ

□ **courant(e)** 形 普通の、流れる、今の

□ **Moyen Âge** 男 中世：西ローマ帝国の滅亡 (476 年) からコンスタンティノープ
ルのトルコによる占領 (1453 年) までの時代。Moyen-Age, moyen-âge ともつづる。

□ **se battre** 代動 戦う、殴り合う

□ **compréhensible** 形 理解しやすい、もっともな

　　　　□ **compréhensibilité** 女 わかりやすさ

　　　　□ **compréhension** 女 理解　**comprendre** 他動　を理解する

　　　　□ **compréhensif / compréhensive** 形 寛大な

□ **imposer** 他動 強いる、…を課する

□ **figé(e)** 形 固まった、固定した　□ **figer** 他動 …を凝固させる

□ **latiniste** 名 ラテン語、ラテン文学研究者→ p.74

□ **polémiste** 名 論争家、論争好き

接続詞 si の用法

接続詞 si の用法は大きく 3 つに分けられます。

① 仮定・条件：もし…なら

② 事実の提示：…ではあるが

③ 間接疑問節を導く：…かどうか

テクストの 14 行目で使われている用法は②です。常に①の「もし…なら」と訳さぬように注意してください。

「人」を表す接尾辞：-iste, -eur/-euse

①名詞 / 形容詞 + -iste 「専門家、…に従事する人、…を信奉する人」

    garagiste 自動車修理工   ← garage

    journaliste ジャーナリスト   ← journal

②動詞［時に名詞］+ -eur/-euse 「…する人」

    danseur / danseuse 舞踊家   ← danser

    voyageur / voyageuse 旅行者 ← voyager, voyage

男性、女性？ 女性、男性？

フランス語の専門家は、次のようなテーマで分裂することが大好きである。最近では、新正書法（1990）、性別を意識しないフランス語表記（2017）。そして2019 年にアカデミー・フランセーズによって認められた職業名の女性形の使用は、ひとつの革命であった。言語は生きているもので、時代や社会が変わるとともに変化するものだということが忘れられているようだ。たとえば、中世において職業名の女性形は普通に使われていた。あらゆるフランス語話者は auteure, autrice, auteuse の 3 つの語を容易に理解するのに、今日使うには議論をしなければならないのであろうか。使っているうちに自然に決まってくるものであろう。同様に、正書法や文法の規則も固定されたものではない。今日いくつかの場合において「男性形が女性形に勝る」と学ぶが、それがいつも正しいとは限らない。ラテン語研究者はそのことをよく知っている。テーマはたくさんある。論争好きな人にはまだまだネタがあるのだ！

S'entrainer

1 Quelle phrase du texte montre : テクストのどの文が次のことを示していますか。

1. que le débat sur la langue (règles, etc.) va continuer ?

....

2. que certaines règles du français viennent du latin ?

....

2 Choisissez entre ⓐ et ⓑ le mot souligné dont le sens est identique à celui du texte. 下線部がテクスト内と同じ意味のものを選びましょう。

1. ⓐ Dans cette phrase, « je » est le <u>sujet</u> du verbe aimer.
   ⓑ Je ne sais pas quel <u>sujet</u> choisir pour mon exposé devant la classe.
2. ⓐ L'<u>emploi</u> du subjonctif est obligatoire après « il faut que ».
   ⓑ Maxime cherche un <u>emploi</u> depuis presque six mois.
3. ⓐ Il faut respecter les <u>règles</u> du Code de la route.
   ⓑ Prête-moi ta <u>règle</u> : je veux faire un trait droit.
4. ⓐ J'ai mis 5 minutes pour venir ici, en <u>courant</u>.
   ⓑ Au Japon, c'est <u>courant</u> de manger avec des baguettes.
5. ⓐ Cette machine est un <u>métier</u> à tisser.
   ⓑ Quel <u>métier</u> veux-tu faire plus tard ?

3 Répondez par oui ou non. oui か non で答えましょう。

1. Le grec moderne est une langue vivante.

....

2. L'Académie française est chargée de définir la langue française.

....

3. Un latiniste utilise le latin dans sa vie quotidienne, à l'oral comme à l'écrit.

....

Un peu de fromage ?

Comprendre Vrai ou faux ? テキストの内容と合っているか考えましょう。 🎧35

1. La citation du Général de Gaulle est authentique. ( )
2. Les Français consomment peu de fromage, en réalité. ( )
3. L'Europe voulait des normes de fabrication des fromages. ( )
4. Des appellations AOC protègent certains fromages. ( )
5. Pour les Français, un camembert ne peut pas venir d'Hokkaido. ( )

🎧36

« Comment voulez-vous gouverner un pays où il existe 258 variétés de fromages ? » se serait exclamé le Général de Gaulle lors d'un discours. La phrase serait historiquement fausse, comme le nombre cité, mais il est certain que les Français sont de vrais amateurs de fromage : ils en consomment 26,4 kg (en 2018) par an et par personne. Ainsi, quand les technocrates de l'Union européenne ont voulu se mêler des techniques de fabrication pour y apporter plus de sécurité alimentaire, définir la spécificité des produits ou leur lien avec le terroir, la révolution a grondé chez les fabricants français, qui se battent pour protéger leur manière de faire artisanale. Une AOC* (Appellation d'origine contrôlée) permet désormais, comme pour les vins, d'identifier l'authenticité de la méthode de production et le lieu géographique de certains fromages : un camembert AOC doit donc être produit en Normandie avec du lait cru. Pour eux, un « camembert d'Hokkaido », comme on en trouve au Japon, est tout simplement... une hérésie !

Décrypter

☐ **authentique** 形 本物の、真実の

☐ **règle** 女 規則

☐ **fabrication** 女 製造、生産　☐ **fabriquer** 他動 製造する、偽造する
　　☐ **fabrique** 女 製作所　☐ **fabricant(e)** 名 製造業者、メーカー

☐ **appellation** 女 名称、表示

☐ **producteur / productrice** 名 生産者
　　☐ **produire** 他動 生産する　☐ **produit** 男 製品、生産品

☐ **gouverner** 他動 統治する　☐ **gouvernement** 男 政府、統治

☐ **variété** 女 品種、多様性

☐ **lors de ...** 〜の時に

☐ **discours** 男 演説、話

☐ **faux / fausse** 形 間違った、偽の

☐ **amateur / amatrice** 名 愛好家、アマチュア

☐ **technocrate** 男 高級管理職技術者、行政官

☐ **union** 女 連合、組合、協会、結合

☐ **se mêler** 代動 **de ...** …に介入する、…に口を出す

☐ **apporter** 他動 持ってくる、持参する

> ☐ **emporter** 他動 持ち去る、持って行く、奪う　☐ **remporter** 他動 持ち帰る
> ☐ **rapporter** 他動 返す、もう一度持って来る、持ち帰る、もたらす
> ☐ **comporter** 他動 含む　☐ **déporter** 他動 国外追放する
> ☐ **importer** 他動 輸入する　☐ **exporter** 他動 輸出する

☐ **sécurité** 女 安全、安心　☐ **sécuriser** 他動 安心感を与える

☐ **alimentaire** 形 食品の、食物の
　　☐ **alimentation** 女 （集合的に）食料品

☐ **spécificité** 女 特殊性

☐ **terroir** 男 耕作地、地方

☐ **gronder** 自動 うなる、差し迫る

☐ **artisanal(e)** 形 職人の、手作りの

☐ **AOC** 女 原産地呼称統制：原産地、品種、アルコール含有量、栽培法、選定法、醸造法等の基準がある。→ p.78

☐ **cru(e)** 形 生の

☐ **hérésie** 女 異端、邪道

77

よく使われる略語

AOP	Appellation d'origine protégée	原産地名称保護
BN	Bibliothèque nationale	国立図書館
CDD	Contrat à durée déterminée	期限付き雇用契約
CDI	Contrat à durée indéterminée	無期限雇用契約
CE	Communauté européenne	欧州共同体
CE	Cours élémentaire	（小学校の）初等教育
CM	Cours moyen	（小学校の）中等教育
INSEE	Institut national de la statistique et des études économiques	国立統計経済研究所
PDG	Président-directeur général	社長、代表取締役社長
PIB	Produit intérieur brut	国内総生産（GDP）
PME	Petites et moyennes entreprises	中小企業
SDF	Sans domicile fixe	ホームレス
UE	Union européenne	欧州連合（EU）
OCDE	Organisation de coopération et de développement économiques	経済協力開発機構（OECD）

チーズを少しいかが？

　ドゴール将軍は演説で「チーズが258種類もある国をどうやって統治しろと言うのか？」と声を荒らげたそうだ。引用されている数字と同様、歴史的にはこの言葉は間違っているそうだが、フランス人が本当にチーズ好きなのは間違いない。ひとりあたり年間26.4キログラム（2018年）を消費する。そんなわけで、ヨーロッパ連合のお役人が、食品の安全性を高め、製品の特殊性や産地との関係を明確に示すため、製造技術に介入しようとした際は、昔ながらの製法を死守しようとするフランスの生産者たちの間で大騒ぎとなった。今では、ワインと同様、AOC（原産地呼称統制）によって、正しい製造法でつくられているか否かや、いくつかのチーズの生産地を識別できる。したがって、AOCカマンベールは、生乳を使ってノルマンディ地方で製造されなければならない。彼らにとっては、日本の「北海道産カマンベール」は邪道にすぎない！

S'entrainer

1 Retrouvez dans le texte le synonyme de chacun des mots suivants . テクスト内から類義語を見つけましょう。

1. pendant   : _____ 前   2. connaisseur : _____ 男

3. particularité : _____ 女   4. sûr :   : _____ 形

5. véracité   : _____ 女   6. reconnaitre : _____ 他動

2 Choisissez la question qui convient : 答えに対して正しい質問文を選びましょう。

1. ⓐ Est-ce que les Français mangent beaucoup de fromage ?

   ⓑ Combien de fromages mangent les Français par an et par personne ?

   – Oui, ils en consomment 24,6 kg par an et par personne.

2. ⓐ Pour quoi se sont battus les producteurs français de fromage ?

   ⓑ Pourquoi les producteurs français de fromage n'étaient pas contents ?

   – Parce que l'Union européenne voulait imposer des normes.

3. ⓐ Quels produits bénéficient d'une AOC en France ?

   ⓑ Qu'est-ce que les Français consomment le plus en Europe ?

   – Certaines viandes, des fromages, des vins, des fruits de mer, etc.

4. ⓐ Qu'a voulu dire le Général de Gaulle avec la phrase citée dans le texte ?

   ⓑ Quelle comparaison a fait le Général de Gaulle entre les fromages ?

   – La France est un pays divisé, les français sont très divers.

Oubliée ?

Comprendre Vrai ou faux ? テキストの内容と合っているか考えましょう。 🔊37

1. Certaines écoles portent le nom d'une personnalité, en France. (　)
2. Beaucoup de Français se souviennent de *Julie-Victoire Daubié*. (　)
3. *Julie-Victoire Daubié* est née en 1824. (　)
4. La loi interdisait aux femmes de passer le baccalauréat en 1861. (　)
5. En 1861, filles et garçons devaient aller à l'école. (　)

🔊38

Les écoles, les collèges, les lycées, les universités, en France, portent souvent le nom d'une personne célèbre. Une quinzaine de ces établissements scolaires s'appellent *Julie-Victoire Daubié*. Mais ce nom n'évoque rien pour la grande majorité des Français. Pourtant, elle a été la première femme reçue au baccalauréat, en 1861, après un long combat pour pouvoir se présenter. Elle avait alors 37 ans. Le ministre de l'Éducation de l'époque attendra de longs mois pour apposer son sceau au bas* de son diplôme et il ne le fera qu'après de nombreuses pressions politiques. Rien n'empêchait officiellement les femmes de se porter candidate, mais elles n'y songeaient pas puisqu'elles se savaient destinées à devenir ouvrières en usine, couturières ou se marier et faire des enfants. L'école n'était obligatoire que pour les garçons. Jusqu'en 1924, les épreuves du bac resteront différentes selon le sexe. Aujourd'hui, plus de la moitié des bacheliers sont en fait des bachelières et le statut des femmes dans la société a beaucoup évolué. Merci *Julie-Victoire Daubié* !

□ **établissement** 男 施設、設立　□ **établir** 他動 …を設置する、確立する

□ **scolaire** 形 学校の、教育の

□ **évoquer** 他動 …を連想させる、思い起こさせる
　　　□ **évocation** 女 想起　□ **évocateur / évocatrice** 形 連想させる

□ **majorité** 女 大多数、投票での過半数 ⟺ □ **minorité** 女 少数、少数派

□ **baccalauréat** 男 バカロレア資格試験

□ **combat** 男 闘争、闘い
　　　□ **combattre** 他動 …と戦う　□ **combatif / combative** 形 闘争的な
　　　□ **combattant(e)** 形 戦う

□ **se présenter** 代動 (試験を) 受ける、自己紹介する

□ **ministre** 名 大臣　□ **ministère** 男 大臣の職、在職期間、省、内閣
　　　□ **ministériel(le)** 形 大臣の、内閣の、政府寄りの、省の

□ **apposer** 他動 (印) を押す、署名を添える、…を張る
　　　□ **apposition** 女 張ること、(署名などを) 添えること

□ **sceau** 男 印、刻印

□ **au bas de ...** …の下部に→ p.82

□ **diplôme** 男 証書、免状

□ **empêcher** 他動 …を妨げる　□ **empêchement** 男 妨げ、障害

□ **officiellement** 副 公式に、正式には、表向きには
　　　⟺ □ **officieusement** 副 非公式に
　　　□ **officiel(le)** 形 公式の

□ **se porter** 代動 …になる、…として名乗りをあげる

□ **candidat(e)** 名 受験者、志願者

□ **songer** 他動 **à ...** …のことを考える、思い浮かべる

□ **destiner** 他動 *qn* à *qc* …の将来を…と決める

□ **ouvrier / ouvrière** 名 労働者

□ **couturière** 女 縫い子、お針子
　　　□ **couturier** 男 高級婦人服デザイナー (の店)
　　　□ **couture** 女 縫うこと、婦人服仕立業　□ **coudre** 他動 …を縫う

□ **épreuve** 女 試験、試すこと、試練　□ **éprouver** 他動 …を試す
　　　□ **éprouvé(e)** 形 (品質が) 保証された

□ **bachelier / bachelière** 名 バカロレア合格者

□ **statut** 男 社会的地位

au bas (de) = en bas (de)

「〜の下に」と表現したい場合には au bas (de) 、en bas (de) のいずれをも使うことができます。例えば、「私のマンションの下にはカフェがある」は

Au bas de mon immeuble, il y a un café.

En bas de mon immeuble, il y a un café.

しかし、反対の意味になった場合、つまり「〜の上に」では、音調上の理由から × au haut (de) とは言えず、en haut (de) のみになります。

Mon voisin d'*en haut* est vraiment bruyant.
上の階の住人は本当にうるさい。

La vue est superbe *en haut de* la tour Eiffel.
エッフェル塔の上からの眺めは素晴らしい。

忘れられた？

　フランスでは小学校、中学校、高校、大学にしばしば有名人の名前がつけられる。約 15 の学校がジュリー＝ヴィクトワール・ドビエという名称である。ところが、この名前は大多数のフランス人にとって何も連想させない。しかしながら彼女は、1861 年にバカロレアに合格した最初の女性なのだ。受験するために長いあいだ闘い、合格したときは 37 歳だった。当時の教育大臣が、彼女の証書の下に署名するまでにも長い時間がかかり、いくつもの政治的な圧力ののち、ようやく署名することになった。公式には女性がバカロレアの受験生になることは何も問題はなかったが、女性は工場で働くか、お針子になるか、結婚して子どもを産むものと思われていたので、彼女たちはそんなことに考えが及ばなかったのだ。学校は男子のみ義務であった。1924 年まで、バカロレアの試験は性別によって異なっていた。今日ではバカロレア合格者の半数以上が女性というのが実情で、女性の社会的地位もおおいに向上した。ありがとう、ジュリー＝ヴィクトワール・ドビエ！

S'entrainer

1 Retrouvez dans le texte le contraire de chacun des mots suivants.
テクスト内からそれぞれ対義語を見つけましょう。

1. à partir de   : _____
2. en haut   : _____
3. facultative   : _____
4. identiques   : _____
5. (une) minorité   : _____
6. officieusement   : _____

2 Retrouvez, dans le texte, la phrase justifiant chaque affirmation
suivante. テクスト内から次のことを裏付けている文を見つけましょう。

1. Pour Julie-Victoire Daubié, s'inscrire au baccalauréat n'a pas été
facile.

_____

2. Le ministre de l'Éducation de l'époque ne voulait pas officialiser la
réussite au baccalauréat de Julie-Victoire Daubié.

_____

3. Il était possible, pour les femmes, de passer le baccalauréat, en
1861.

_____

4. Il ne venait pas à l'idée, aux femmes, de passer le baccalauréat.

_____

5. Au début des années 20, le baccalauréat était différent pour les
femmes.

_____

6. Les filles réussissent plus au baccalauréat que les garçons.

_____

Comprendre Vrai ou faux ? テクストの内容と合っているか考えましょう。 ○39

1. Pour Chateaubriand, protéger les forêts était important. ( )
2. Les forêts recouvrent environ la moitié du territoire japonais. ( )
3. En France, l'exploitation forestière remonte au Moyen Âge. ( )
4. L'espace forestier français a doublé entre 1830 et notre époque. ( )
5. La disparation des forêts pose un problème environnemental. ( )

○40

François-René de Chateaubriand, écrivain et mémorialiste français du XVIIIe siècle était écologiste avant l'heure lorsqu'il écrivait : « Les forêts précèdent les peuples, les déserts les suivent. » Le Japon connait depuis longtemps la valeur de ses arbres, bois et forêts : il gère avec soin et préserve avec attention* son domaine forestier, qui couvre 69 % de son territoire. En France, la sylviculture* est ancienne, puisqu'elle remonte au temps des Gaulois où les archéologues constatent un premier recul des surfaces boisées. Mais aujourd'hui, les forêts couvrent 31% du territoire métropolitain, soit deux fois plus qu'en 1830 ! L'objectif est de transmettre, aux générations futures, un patrimoine forestier bien conservé et valorisé. Ailleurs dans le monde, le bilan est plus contrasté: chaque année, des milliers d'hectares d'arbres partent en fumée pour faire place à des routes, des habitations, des élevages ou des plantations agricoles. Pourtant, ces forêts abritent de nombreux animaux et contribuent à la lutte contre le réchauffement climatique ! « Un arbre = une vie ! »

□ **forêt** 女 森林
    □ **forestier / forestière** 形 森林の
□ **recouvrir** 他動 覆う
□ **exploitation** 女 開発、活用　□ **exploiter** 他動 …を開発する、…を活用する
□ **mémorialiste** 名 記録文学者　□ **mémorial** 男 回想録
□ **avant l'heure** 早咲きの、定刻前に
□ **lorsque** 接 …するとき　＊quand よりやや改まった表現
□ **précéder** 他動 …に先行する、…の先に立つ
□ **peuple** 男 民族、国民、民衆、人　＊人種、民族的な
□ **bois** 男 森（最も一般的、それほど深くない森）　□ **boisé(e)** 形 樹木で覆われた
□ **gérer** 他動 管理する　□ **gérance** 女 管理、運営
□ **soin** 男 注意　□ **soigner** 他動 …の世話をする〜に気を配る
□ **préserver** 他動 保護する、守る　□ **préservation** 女 保護
□ **domaine** 男 所有地、領域
□ **sylviculture** 女 植林、造林→ p.86
□ **Gaulois(e)** 名 ガリア人　□ **Gaule** 固有 女 ガリア
□ **archéologue** 名 考古学者　□ **archéologie** 女 考古学
□ **constater** 他動 確認する、認める　□ **constatation** 女 確認、証明
□ **recul** 男 後退　□ **reculer** 自動 後退する
□ **surface** 名 面積、表面
□ **métropolitain(e)** 形 本国の、首都の　□ **métropole** 女 本国、主要都市
□ **objectif** 男 目的、目標
□ **transmettre** 他動 渡す、伝える　□ **transmission** 女 伝達
□ **patrimoine** 男 財産、資産
□ **conservé(e)** 形 保存された
□ **valoriser** 他動 より高い価値を与える、有効利用する
□ **ailleurs** 副 他の場所で
□ **bilan** 男 現状、バランスシート
□ **contrasté(e)** 形 対照的な、際立った
□ **partir en fumée**　煙となって消えていく、水の泡
□ **faire place à ...**　…と入れ替わる
□ **abriter** 他動 保護する　□ **abri** 男 避難所
□ **contribuer** 他動 à ...…の原因となる、…に貢献する

〈avec ＋無冠詞名詞〉の副詞的表現

p.84 に出てきた avec soin（入念に）, avec attention（注意深く）以外にも、下記のような表現をよく使います。

avec amour 愛情をこめて

avec assiduité 熱心に

avec autorité 堂々と

avec certitude 確実に

avec confiance 自信をもって

avec effort 苦労して

culture を含む合成語

「耕作、養殖」の意味をもつ culture は、名詞とともに合成語をつくります。

la sylviculture ← sylv(i)- 森林＋ culture

l'arboriculture 果実栽培

l'apiculture 養蜂

l'aquiculture 水産養殖

la floriculture 花造り

la riziculture 稲作

la sériciculture 養蚕

la subculture サブカルチャー

la viticulture ブドウ栽培

森林伐採

18 世紀のフランス人作家で記録作家でもあるフランソワ＝ルネ・ド・シャトーブリアンは先取のエコロジストだった。彼は「人の前に森があり、人の後には砂漠が続く」と書いている。日本はずっと以前から樹木、林、森の価値を知っている。国土の 69％を覆う森林地帯を入念に管理し、注意深く保護している。フランスでは植林は古くから行われてきており、考古学者が森林の最初の後退を確認しているガリア人の時代まで遡る。しかし今日、森林はフランス本土の 31％を占め、1830 年の 2 倍になっているのだ。植林の目的は、未来の世代に正しく保存され、有効利用された森林遺産を継承することにある。ところが世界の他の地域では、状況はそれとはむしろ対照的だ。毎年数千ヘクタールもの木々が道路や住居、牧畜、農場地となり、消滅している。これらの森林はさまざまな種類の動物を保護し、気候温暖化対策に貢献しているのに。「1 本の木、それはひとつの命」！

S'entrainer

1 Retrouvez dans le texte le mot à partir de sa définition. テクスト内から定義に合う単語を見つけましょう。

1. Auteur(e) qui témoigne sur son époque : ....

2. Mesure de superficie : ....

3. Terre possédée par un propriétaire : ....

4. Exploitation rationnelle des arbres forestiers : ....

5. Zone de terre au climat sec et aride : ....

2 Choisissez l'explication qui convient. 説明に合う文を選びましょう。

1. Chateaubriand était écologiste avant l'heure.

ⓐ Il était écologiste alors que le concept d'écologie n'existait pas encore.

ⓑ Il était écologiste sans y avoir vraiment réfléchi.

2. Les archéologues constatent un premier recul des surfaces boisées.

ⓐ Les archéologues notent une baisse des espaces boisés.

ⓑ Les archéologues notent une augmentation des espaces boisés.

3. Les forêts couvrent 31 % du territoire métropolitain.

ⓐ Les forêts couvrent 31 % du territoire européen de la France.

ⓑ Les forêts couvrent 31 % du territoire mondial de la France.

4. Ailleurs dans le monde, le bilan est plus contrasté.

ⓐ Le bilan est totalement négatif.

ⓑ Le bilan est nettement moins positif.

5. Le CO_2 est un gaz contribuant au réchauffement climatique de notre planète.

ⓐ Le CO_2 est un gaz qui empêche le réchauffement climatique.

ⓑ Le CO_2 est un gaz qui participe au réchauffement climatique.

Des mots nouveaux

Comprendre Vrai ou faux ? 41

1. L'origine des mots français est très liée à l'histoire de France.   ( )
2. Les guerres ont apporté du vocabulaire nouveau dans la langue française.   ( )
3. Tous les mots français viennent du latin et du grec.   ( )
4. Les mots entrant dans le dictionnaire montrent les évolutions sociétales.   ( )
5. Une minorité de ces mots nouveaux proviennent de l'étranger.   ( )

42

L'histoire de la France est faite d'occupations de son territoire par des peuples de diverses origines, de voyages d'explorateurs, de guerres avec ses voisins européens, d'échanges commerciaux avec ses colonies ou des pays lointains, d'accueil de migrants... Tous ces contacts avec d'autres civilisations ont apporté de nombreux mots dans la langue française. Ceux-ci viennent principalement du latin et du grec, mais pas seulement. Environ mille mots ont pour origine l'italien, trois-cents l'espagnol, deux-cents l'allemand et quelques-uns proviennent par exemple de l'arabe, du russe ou du japonais : ainsi, c'est l'écrivain Pierre LOTI qui a utilisé pour la première fois le mot « samouraï », en 1887, dans un livre en français. Néologismes, sens nouveaux ou revenus à la mode, expressions inhabituelles, le dictionnaire français s'enrichit de nouveaux mots (plus d'une centaine chaque année), reflets des évolutions sociétales, culturelles et scientifiques dans le pays. Ils sont issus, pour plus de

la moitié, du français lui-même, comme récemment le
«covoiturage » ou la « cryptomonnaie ». Les anglicismes
et les emprunts à l'étranger, au Japon notamment, restent
nombreux : le célèbre « emoji » et le fruit « yuzu », très
apprécié des chefs français, sont entrés dans le dictionnaire
en 2017, suivis de « ramen » et « udon » en 2020. Voilà
donc, amis japonais, quelques nouveaux mots « français »
faciles pour vous, si vous retenez cette petite règle simple :
les mots étrangers introduits directement dans la langue de
Molière sont toujours masculins !

Décrypter

- ☐ **occupation** 男 占拠、用事、入居
- ☐ **origine** 女 出身、起源
    - ☐ **originaire** 形 …出身の　☐ **original(e)** 形 元の、独創的な
    - ☐ **originalité** 女 独創性
- ☐ **explorateur / exploratrice** 名 探検家
    - ☐ **exploration** 女 探検　☐ **explorer** 他動 …を探検する
    - ☐ **explorable** 形 探検できる
- ☐ **commercial(e)** 〔男複〕**commerciaux** 形 貿易の、商業の
    - ☐ **commerce** 男 貿易、商業　☐ **commerçant(e)** 名 商人
- ☐ **colonie** 女 植民地
- ☐ **migrant(e)** 男 移民　☐ **migration** 女 移住
    - ☐ **migrateur / migratrice** 形 移動性の　oiseaux *migrateurs* 渡り鳥
    - ☐ **migration** 女 移住　☐ **émigration** 女 他国への移住
    - ☐ **immigré(e)** 名 （外国からの）移民　☐ **immigration** 女 他国からの移住
- ☐ **provenir** 自動 (de ...) …から来る、…に由来する
- ☐ **néologisme** 男 新語（の使用）
- ☐ **inhabituel(le)** 形 常ならぬ、尋常でない、珍しい
- ☐ **enrichir** 他動 …を豊かにする
    - ☐ **s'enrichir** 代動 豊かになる

□ enrichi(e) 形 豊かになった　□ enrichissement 男 豊かになること（← riche）

□ reflet 男 de ... …の反映
　　□ refléter 他動 …を反映する、…を反射する

□ évolution 女 変化、進展

□ issu(e) 形 de ... …に由来する、出の
　　□ issue 女 出口、解決策

□ récemment 副 [resamɑ̃] 最近

□ anglicisme 男 英語からの借用語

□ emprunt 男 借用、借用語
　　□ emprunter 他動 …を借りる　□ emprunté(e) 形 借りた

フランス語の語彙

　フランスの歴史は、さまざまな民族による占領、探検家の旅、ヨーロッパの隣国との戦争、植民地や遠い国々との交易、移民の受け入れなどから成りたっている。これらの異文化との接触によって、フランス語には多くの語が取り入れられた。それらの多くはラテン語やギリシャ語を起源としているが、それだけではない。約1,000語がイタリア語、300語がスペイン語、200語がドイツ語、そしてアラビア語、ロシア語、日本語などに由来する語もある。たとえば、フランス語で書かれた本の中で、1887年に「samouraï（侍）」という語を初めて使ったのは作家ピエール・ロティだった。国内の社会・文化・科学の変化を反映し、新しい意味、流行によって復活した語、珍しい表現などの新語（毎年100語以上）がフランス語の辞書に加わる。最近加わった「covoiturage（カーシェアリング）」や「cryptomonnaie（仮想通貨）」のように、その半数以上がフランス語由来である。英語由来や、外国語、特に日本語からの借用語も多くある。2017年に有名な「絵文字」やフランス人シェフに絶大な人気がある果物の「柚子」、続いて2020年に「ラーメン」と「うどん」が辞書に掲載された。したがって、日本の皆さん、「フランス語」の新語のいくつかは皆さんにもなじみのある語なのだ。ちょっとした簡単な規則を覚えておいて欲しい。モリエールの言語に直接入った外国語はすべて男性名詞である！

S'entrainer

1 Trouvez, dans le texte, le mot correspondant à chaque définition suivante.

1. Action de s'installer par la force dans un pays : _____

2. Pays, placé sous la dépendance d'un pays occupant, qui en tire profit : _____

3. Guerrier japonais de la société féodale : _____

4. Action de prendre des mots dans une autre langue : _____

5. Personne qui organise et dirige une cuisine : _____

6. Nouilles japonaises d'origine chinoise, servies dans un bol de bouillon : _____

7. Comédien et dramaturge français (1622-1673) : _____

2 Complétez chaque phrase avec un mot trouvé dans le texte.

1. Je ne connais pas ce mot : je vais le chercher dans le _____.

2. Jules collectionne les timbres : il en a plus d'une _____.

3. Ce projet a connu plusieurs _____ avant sa réalisation finale.

4. J'ai perdu tout _____ avec mes amis d'enfance.

5. Ce professeur est _____ de ses élèves pour sa gentillesse.

6. La Belgique est un pays _____ de la France.

7. Cette confiture de _____ est vraiment excellente.

3 Retrouvez ce dont il s'agit (l'origine du mot est indiquée entre parenthèses).

1. Fruit exotique (tupi) • • ⓐ ananas

2. Gâteau au café (arabe) • • ⓑ mikado

3. Jeu d'adresse (japonais) • • ⓒ moka

4. Navire pour passagers (anglais) • • ⓓ opéra

5. Œuvre musicale (italien) • • ⓔ paquebot

Comprendre Vrai ou faux ? (43)

1. Des objets colorés servent souvent de symboles aux mouvements sociaux. ( )
2. En 1675, la révolte était fiscale. ( )
3. En 1789, les sans-culottes défilaient en sous-vêtements. ( )
4. En 1927, les chemises vertes étaient des fonctionnaires. ( )
5. Chaque conducteur, en France, doit avoir un gilet jaune de sécurité dans son véhicule. ( )

(44)

De tout temps, les mouvements sociaux populaires ont été symbolisés par des objets colorés, peu onéreux (le peuple n'est jamais riche). En 1675, une révolte a lieu contre des taxes imposées par Louis XIV, les insurgés se coiffent alors de bonnets rouges ou bleus, selon les régions. En 1789, les sans-culottes sont des révolutionnaires du petit peuple, portant des pantalons à rayures pour se différencier de la culotte et des bas, articles vestimentaires réservés aux Bourgeois et aux Nobles. Les chemises vertes de 1927 sont des paysans d'extrême droite, défendant un retour à la nature et s'opposant à l'État. À nouveau en 2013, les bonnets sont rouges en Bretagne pour lutter contre des lois fiscales qu'ils jugent iniques. Les gilets jaunes, fin 2018, donnent une visibilité certaine à un malaise profond dans la société française, grâce à ce vêtement de sécurité obligatoire dans toutes les voitures. Puis ce sont, l'année suivante, les stylos rouges, professeur(e)s dénonçant leurs conditions de travail. Ces signes matériels de reconnaissance permettent de montrer son appartenance au mouvement, son soutien ou sa solidarité avec les contestataires. De nos jours, ils assurent un retentissement médiatique plus grand, auprès des chaines d'information en continu qui ont besoin d'images fortes, et dans les réseaux sociaux. Faire la révolution, oui, mais pas seul(e) !

Décrypter

- □ **révolte** 女 反乱、暴動　□ **se révolter** 代動 contre... …に反抗する
- □ **fiscal(e)** 形 税務上の　fraude *fiscale* 女 脱税
- □ **culotte** 女 キュロット、半ズボン　**sans-culottes** サン=キュロット（フランス革命期の都市の労働者、手工業者、小商店主、小作地農民などの下層市民層）
- □ **sous-vêtement** 男 下着
- □ **gilet** 男 チョッキ、ベスト
- □ **véhicule** 男 車両、乗り物
- □ **onéreux / onéreuse** 形 費用のかかる
- □ **taxe** 女 税　*taxe* d'habitation 住民税　*taxe* immobilière 固定資産税　*taxe* sur la valeur ajoutée (TVA) 付加価値税

  > □ **impôt** 男 最も一般的な税　*impôts* sur le revenu 所得税
  > □ **droit** 男 許認可の際に徴収される税　*droit* de succession 相続税
  > □ **contribution** 女（行政用語）税　*contribution* des patentes 事業税

- □ **insurgé(e)** 名 反乱者　□ **s'insurger** 代動 contre... …に対し反乱を起こす
- □ **bonnet** 男 頭巾、ボンネット
- □ **petit peuple** 男 庶民、下層民
- □ **rayure** 女 縞模様　cavate à *rayures* ストライプのネクタイ
- □ **bas** 男 長靴下、ストッキング
- □ **vestimentaire** 形 衣服の
- □ **réservé(e) à ...** …専用の
- □ **bourgeois(e)** 名 中世ヨーロッパで貴族や僧といった上層階級と、下層階級の労

働者や農民との間に位置した商工業者。革命後、資本家階級となる。

□ **noble** 名 貴族　形〔名詞の前で〕貴族の、気高い〔名詞の後ろで〕精巧な、高級な

□ **paysan(ne)** 名 農民

□ **extrême** 形〔名詞の前で〕極限の〔名詞の後ろで〕極端な

□ **s'opposer** 代動 à ... …に逆らう、反対する

□ **inique** 形 不公平この上ない　□ **iniquité** 女 不正、不公平

□ **visibilité** 女 目に見えること　□ **visible** 形 目に見える

□ **malaise** 男 不安、不調

□ **dénoncer** 他動 告発する ⇔□ **approuver** 他動 称賛する

□ **matériel(le)** 形 物質の

□ **signe de reconnaissance** 男 目印、合図

□ **appartenance** 女 所属　□ **appartenir** 他動 à ... …に所属する

□ **solidarité** 女 連帯

□ **contestataire** 名 異議を申し立てる人　□ **contester** 他動 …に異議を唱える

□ **retentissement** 男 反響、影響　□ **retentir** 自動 鳴り響く

□ **en continu** 切れ目なく

さまざまな色！

　いつの時代にも、民衆の社会運動は費用がかからない（庶民はいかなるときも金持ちではない）、色のついたもので象徴されてきた。1675 年、ルイ 14 世による課税に対して反乱が起き、反乱者たちは地方ごとに赤や青のボネ（頭巾のような縁なし帽）をかぶった。1789 年、庶民の革命家であるサン=キュロット（半ズボンではない者）はブルジョワや貴族専用の衣服であるキュロット（半ズボン）やタイツと自分たちを区別するため縞模様の長ズボンをはいた。1927 年の緑シャツ隊は自然への回帰を擁護し、国家に対立する極右の農民たち。2013 年、不公平きわまりないと判断した税法に対して戦うため、ブルターニュでボネは再び赤になる。2018 年の末は黄色いベスト。全ての自動車に義務付けられている安全ベストによって、フランス社会における深い不安を見せつけた。そして翌年は労働条件を告発する教師たちによる赤ペン隊である。これらのものが目印となり、運動に対する所属、支持、または反体制派の人々に対する連帯を示すことができる。今日、強烈な映像を必要とする 24 時間放映のニュースチャンネルやソーシャルネットワークにおいて、そうしたものはメディアのより大きな影響力を得る。革命を起こす、そうだ、でもひとりではできない！

1 Trouvez, dans le texte, le mot correspondant à chaque définition suivante.

1. un adjectif synonyme de cher (chère) : ....
2. une expression signifiant « 24 h/24 » : ....
3. une expression signifiant « à toutes les époques »: ....
4. un synonyme de l'adjectif intense : ....
5. un antonyme du verbe approuver : ....
6. une expression signifiant « les gens simples, de condition modeste »

   : ....

2 Complétez les phrases suivantes avec les mots suivants utilisés dans le texte (attention, le sens peut être différent).

Bretagne	inique	malaise	mouvement
peuple	retour	taxe	visibilité

1. Pour les ouvriers de l'usine, baisser les salaires est une décision ....

2. Pendant les vacances d'été, la région .... est très touristique.

3. Pierre ne vote pas et n'appartient à aucun .... politique.

4. Avec ce brouillard intense, la .... est nulle.

5. Pendant la réunion, ce qu'a dit le patron sur notre travail a créé un ....

6. En démocratie, c'est le .... qui choisit son président.

7. Depuis plusieurs années, certains citadins envisagent un .... à la campagne.

8. La .... carbone est prélevée sur les énergies fossiles.

Comprendre Vrai ou faux ?   🔊45

1. Les Dumont font le même constat que Leroy-Ladurie sur les changements climatiques.   ( )
2. Les vendanges sont plus tardives aujourd'hui qu'autrefois.   ( )
3. Récolter les grappes de raisin en journée pose désormais de nombreux problèmes.   ( )
4. Vendanger la nuit est plus difficile pour les employés de Jérôme Dumont.   ( )
5. Jérôme Dumont prend en compte les changements climatiques pour le futur de son exploitation.   ( )

🔊46

Emmanuel Leroy-Ladurie, historien reconnu, a démontré dans ses études de phénologie des plantes, que la vigne était un excellent indicateur biologique des changements climatiques. Les Dumont, viticulteurs en Bourgogne de père en fils depuis plusieurs générations, en sont convaincus également. Jérôme se souvient que son grand-père vendangeait début octobre. Son père le faisait à la mi-septembre et lui commence la récolte du raisin vers le 12 aout. Ce n'est pas le seul changement : lui doit, le plus souvent, récolter la nuit pour éviter l'oxydation des grappes qui éclatent sous la chaleur, un début de fermentation avant même leur arrivée à la cave et une perte d'arôme. Il doit aussi surveiller attentivement le degré d'alcool du jus obtenu, qui est passé de 11 à 14 en raison du manque d'eau pendant la maturation des grappes et un ensoleillement qui apportent une teneur plus grande en sucre aux raisins. Il lui faut être attentif au bienêtre de ses employés. Les vendangeurs travaillent dans la fraicheur nocturne : pendant la journée, les températures peuvent désormais monter jusqu'à 40 degrés au soleil. Jérôme n'est pas trop inquiet pour le futur à court terme de son exploitation : il réfléchit déjà à utiliser de nouveaux cépages plus adaptés à une moindre hygrométrie et à des canicules plus fréquentes. Il recherche aussi des terres agricoles situées plus au nord de la région. Mais pourra-t-il continuer à produire et à commercialiser ces excellents crus qui ont fait la réputation de la famille ? Il n'en est plus certain.

Décrypter

- □ **vendange** 女 ブドウの収穫　□ **vendanger** 他動 （ブドウを）収穫する
  - □ **vendangeur** / **vendangeuse** 名 ブドウ収穫人
- □ **climatique** 形 気候の、風土の　□ **climat** 男 気候、風土
- □ **tardif** / **tardive** 形 遅い、遅れた　□ **tard** 副 遅く　□ **tarder** 自動 遅れる
  - □ **tardivement** 副 遅い時期に、あとになって
- □ **historien**(ne) 名 歴史学者
- □ **reconnu**(e) 形 広く世に認められた
- □ **démontrer** 他動 …を明らかにする、証明する
  - □ **démontrable** 形 証明できる
- □ **phénologie** 女 気候変化の生物の関係の研究
- □ **vigne** 女 ブドウ
- □ **viticulteur** / **viticultrice** 名 ブドウ栽培者
- □ **oxydation** 女 酸化
- □ **grappe** 女 ブドウの房
- □ **éclater** 自動 破裂する、爆発する　□ **éclatement** 男 破裂
- □ **fermentation** 女 発酵

□ **cave** 女 地下のワイン貯蔵庫

□ **arôme** 男 芳香、香り

□ **surveiller** 他動 …を見守る

□ **maturation** 女 熟成

□ **ensoleillement** 男 日当たり、日照時間

□ **teneur** 女 濃度、含有量

□ **bienêtre** 男 満足感、快適さ、福祉

□ **fraicheur** 女 涼しさ、新鮮さ

□ **nocturne** 形 夜の

□ **à court [moyen / long] terme** 短期［中期／長期］の

□ **exploitation** 女 経営

□ **cépage** 男 ブドウ品種

□ **adapté(e)** 形 à ... …に適合した　□ **adapter** 他動 …を適合させる

□ **hygrométrie** 女 湿度測定

□ **canicule** 女 猛暑

□ **commercialiser** 他動 …を販売する

夏のブドウ収穫

　著名な歴史学者エマニュエル・ルロワ゠ラデュリは、気候変化と植物の関係の研究において、ブドウが気候変化に関する生物学上のすぐれた指標であること証明した。父から息子へと数世代にわたってブルゴーニュでブドウ栽培をしているデュモン一家も、同じ意見である。ジェロームは、祖父が 10 月初めにブドウの収穫をしていたことを覚えている。父は 9 月半ば、そしてジェロームは 8 月 12 日頃から収穫を始めている。変わったのはこれだけではない。多くの場合、収穫は夜に行なわねばならない。暑さでブドウの実が裂けて酸化したり、地下倉庫に到着する前に発酵が始まったり、芳香が失われたりするのを避けるためである。ブドウ熟成の間の水分不足のため、11 度だったものが 14 度に上がるしぼり汁のアルコール度数や、ブドウに最も多くの糖分をもたらす太陽光もこまめに監視しなければならない。従業員の労働環境にも配慮する必要がある。今後は昼間の気温が日なたでは 40 度まで上がる可能性があるので、収穫人たちはさわやかな夜間に作業をする。ジェロームは、経営については短期的にはあまり心配はしていない。すでに、より少ない湿度、頻繁な猛暑にも適合できる新種のブドウ品種を使うことを考えている。また、もっと北の農地についても研究している。だが彼は、名声ある家系の銘醸ワインを今後も生産・販売し続けることができるのであろうか。もはや確信はできない。

S'entrainer

1 Retrouvez dans le texte.

1. un adjectif signifiant « plus petite »   : _____

2. une expression signifiant « dans la perspective d'une échéance rapprochée »   : _____

3. deux verbes qui sont synonymes : _____ et _____

4. un nom dérivé du verbe « (con)tenir »   : _____

5. un pronom tonique employé comme sujet : _____

6. un adjectif dérivé du nom « nuit »   : _____

2 Choisissez entre ⓐ et ⓑ le mot souligné dont le sens est identique à celui du texte.

1. ⓐ Il faut apporter des changements dans notre façon de vivre.

   ⓑ Il y a deux changements pour aller à Marseille.

2. ⓐ Un angle droit fait 90 degrés.

   ⓑ L'alcool à 90 degrés est un bon désinfectant.

3. ⓐ Le masseur m'a massé la plante des pieds.

   ⓑ Mettons une plante verte sur cette table basse : ce sera joli.

4. ⓐ Pierre fréquente Marie depuis plusieurs mois déjà.

   ⓑ La desserte de cette gare n'est pas très fréquente.

5. ⓐ Mon père a mis beaucoup de chaleur dans son discours lors de mon mariage.

   ⓑ Le soleil du printemps apporte une douce chaleur.

6. ⓐ Gérard Depardieu est un acteur reconnu en France.

   ⓑ Quand j'ai rencontré Marc, je l'ai reconnu tout de suite !

7. ⓐ Ce vin est un bon cru.

   ⓑ Quand le président a parlé, je ne l'ai pas cru.

Comprendre Vrai ou faux ? 🎧47

1. Chaque Français a accès très facilement à un médecin ou à un hôpital. ( )
2. Les smartphones remplacent les médecins à la campagne. ( )
3. Grâce à certaines applications, un malade peut être suivi à distance par un médecin. ( )
4. Libéré de certaines tâches, le médecin peut consacrer plus de temps à son malade. ( )
5. Devenir médecin est le rêve de beaucoup de jeunes Français. ( )

🎧48

La France manque de médecins, surtout dans les zones rurales que l'on surnomme souvent « déserts médicaux ». Les jeunes docteur(e)s préfèrent travailler comme salarié(e)s dans un hôpital ou une clinique, avec des horaires fixes et des vacances faciles à prendre, plutôt que d'ouvrir leur propre cabinet à la campagne où les journées de travail sont longues et les congés difficiles à organiser. Mais la technologie numérique est en train de venir à leur secours. Si un smartphone ne remplacera jamais un docteur, il apporte, grâce à des applications en lien avec des outils connectés, des solutions de suivi médical et même un meilleur confort de vie pour les personnes souffrant de maladies chroniques. Il permet l'envoi de photos, d'informations par des capteurs sur son corps, de questionnaires dont les réponses sont aussitôt analysées par des algorithmes qui décident des démarches à accomplir au plus vite ou le rappel de médicaments à prendre... Les téléconsultations sont désormais courantes. Chaque jour naissent de nouvelles possibilités. La relation entre le médecin et son patient est plus facile à maintenir : le premier n'a plus obligatoirement besoin de faire de longs déplacements jusqu'au domicile du malade, parfois même la nuit, le second peut éviter de devoir se rendre au cabinet médical, voire à l'hôpital. Moins surchargé de rendez-vous, aidé dans son travail par l'intelligence artificielle, le médecin rural peut donc consacrer plus de temps à l'aspect psychologique de son travail et retrouver une qualité de vie personnelle. C'est une bonne nouvelle pour une profession qui manque d'attractivité auprès des jeunes !

Décrypter

□ **hôpital** 男 公立の大病院
□ **application** 女 アプリケーション　□ **appli** 女 (=application)
□ **clinique** 女 私立病院

> □ **cabinet médical** 男 診療所
> □ **infirmerie** 女 医務室
> □ **CHU** (Centre hospitalier universitaire) 大学病院センター
> □ **dispensaire** 男 無料診療所
> □ **urgence** 女 救急　〔複数で〕救急部門 (service des urgences)

□ **congé** 男 休暇、休み　*congés* payés 有給休暇
□ **numérique** 形 デジタルの
　〔類〕□ 形 **digital(e)** ⟺ □ **analogique** 形 アナログの
□ **secours** 男 救助、救援　**secourir** 他動 …を救助する
□ **en lien avec ...** …とつながる、…と関係がある
□ **outil** 男 道具
□ **suivi** 男 検査、追跡

- □ **chronique** 形 慢性の ⇔ □ **aigu / aiguë** 形〔医学〕急性の
- □ **capteur** 男 センサー
- □ **questionnaire** 男 質問表
- □ **analyser** 他動 分析する □ **analyse** 女 分析
- □ **algorithme** 男 アルゴリズム、ある問題を解決するための手順
- □ **patient(e)** 名 患者
- □ **obligatoirement** 副 義務的に、必然的に
- □ **se rendre** 代動 à ... …へ行く
- □ **voire** 副 さらに、そのうえ
- □ **surchargé(e)** 形 多忙な、積みすぎの
    - □ **surcharger** 他動 負荷をかけすぎる、積みすぎる
- □ **intelligence artificielle** 女 人工知能
- □ **psychologique** 形 心理的な、精神の
- □ **aspect** 男 局面、様子
- □ **attractivité** 女 魅力
    - □ **attractif / attractive** 形 引きつける、魅力的な

新しい治療法

　フランスは医師不足である。特に、しばしば「医療砂漠」と呼ばれる農村部では。若い医師は、労働時間が長く、休みを計画するのも難しい田舎で診療所を開くより、勤務時間が一定でヴァカンスがとりやすい公立や私立の病院のサラリーマンとして働くことを望む。しかし、デジタル・テクノロジーが彼らの助けになりつつある。スマートフォンは決して医師の代わりにならないだろうが、インターネット接続のツールとリンクするアプリケーションのおかげで、慢性の病気に苦しんでいる人々に向けた持続的な治療法や、より快適な生活をも提供できる。スマートフォンを使って、写真、身体につけたセンサーによる情報、質問事項を送ることができ、返答はただちにアルゴリズムによって分析され、適正な対処法が迅速に決まったり、服用しなければならない薬を思い出させてくれたりする。これからは、遠隔診療は普通のことだ。毎日新しい可能性が生まれている。医師と患者のつながりを保つのは、これまでより容易である。前者（医師）は、ときには夜中にもあった患者の家までの長い移動が必ずしも必要ではなくなった。後者（患者）は、診療所、さらには病院に行く必要がなくなった。AI（人工知能）のおかげで予約の殺到が緩和できるため、田舎の医師は治療の精神的側面に時間を割くことができ、プライベートも充実させることができる。若者に人気のない職業には朗報だ！

S'entrainer

1 Choisissez le bon résumé.

ⓐ En France, il n'y a plus de docteur(e)s dans les campagnes. Ils sont remplacés par les nouvelles technologies qui offrent de nouvelles façons de se soigner pour les malades.

ⓑ Être docteur(e) à la campagne, en France, est un métier difficile. Les nouvelles technologies apportent des solutions aux médecins comme aux malades.

ⓒ Beaucoup de jeunes médecins choisissent de travailler à la campagne pour la qualité de la vie et les bonnes relations avec les patients.

2 Retrouvez l'expression équivalente dans le texte.

1. Il n'y a pas assez de médecins en France.

2. La profession de médecin n'attire plus beaucoup ...

3. Il n'est plus obligatoire pour le malade d'aller chez son médecin.

4. Les progrès sont constants.

5. Les nouvelles technologies apportent aux médecins une aide nouvelle et bienvenue.

6. Le médecin peut prendre des vacances et passer du temps en famille.

Comprendre Vrai ou faux ? 🎧49

1. Le 7e continent est formé de déchets plastiques flottant sur les océans. ( )
2. Les habitants de Clipperton polluent l'océan qui entoure leur ile. ( )
3. Les bateaux blessent les animaux marins. ( )
4. Des solutions existent pour collecter les déchets plastiques les plus gros. ( )
5. L'interdiction du plastique serait une solution efficace au problème évoqué. ( )

🎧50

80 000 tonnes de morceaux de plastique de toutes tailles flottent dans les océans, formant ce que l'on appelle désormais le 7e continent. Hormis dans les estuaires des fleuves, où ces déchets concentrés symbolisent ce désastre écologique. Le reste, d'abord disséminé, est lentement aspiré par les courants océanographiques qui les amalgament dans des tourbillons. L'ile française de Clipperton, pourtant très éloignée de toute terre habitée et vierge, elle-même, de toute population, est proche d'une de ces « décharges sauvages » marines. Cordes, filets, matériel de pêche, objets abandonnés par des bateaux flottent et blessent ou emprisonnent les animaux marins. Les microplastiques, avalés par les poissons, entreraient dans notre chaine alimentaire. Difficile d'imaginer que la barquette en plastique laissée, volontairement ou non, lors d'un barbecue au bord d'une rivière finira en haute

mer. Les responsables politiques n'agissent pas (ou peu), puisque cette pollution se trouve souvent dans les eaux internationales. Les trois quarts des débris dépassent les cinq centimètres, ce qui permettrait de les ramasser facilement. Une cartographie par satellite de ces zones océaniques souillées, des barrières flottantes ou des navires spécialisés sont des solutions existantes pour un collectage de ces détritus. Mais celle qui serait la plus efficace, à court ou moyen terme, est l'obligation de pouvoir recycler la matière plastique ou son remplacement par d'autres, non-polluantes. « La mer qu'on voit danser le long des golfes clairs a des reflets d'argent. » chantait le poète Charles Trenet. Image du passé ou de l'avenir ?

Décrypter

☐ **continent** 男 大陸　☐ **continental(e)** 形 大陸の

☐ **déchet** 男〔多く複数で〕廃棄物、ごみ
〔類〕☐ **débris** 男〔複数〕ごみ　☐ **détritus** 男 ごみ、廃物

☐ **hormis** 前〔文〕…を除いて、以外は

☐ **estuaire** 男 大きな河口

☐ **concentré(e)** 形 集中した
☐ **concentration** 女 集中　☐ **concentrer** 他動 …を集中する

☐ **désastre** 男 災害、ひどい結果、破綻
☐ **désastreux / désastreuse** 形 悲惨な

☐ **disséminer** 他動 …をまき散らす　☐ **dissémination** 女 散布、拡散

☐ **aspirer** 他動 …を吸う、吸い込む

☐ **courant** 男 流れ

☐ **océanographique** 形 海洋学の

☐ **amalgamer** 他動 …を混ぜる

☐ **tourbillon** 男 渦、渦巻き

☐ **vierge** 形 de + 無冠詞名詞 …で汚されていない

- [ ] **décharge** 〔女〕 ゴミ捨て場、負担の軽減
- [ ] **emprisonner** 〔他動〕 投獄する、閉じ込める、締め付ける
- [ ] **microplastique** 〔男〕 マイクロプラスチック
- [ ] **barquette** 〔女〕 トレイ、小型のパイ
- [ ] **en haute mer** (= en pleine mer) 沖合で
- [ ] **les eaux internationales** 〔女〕〔複数〕公海
- [ ] **dépasser** 〔他動〕…を超過する、より大きい
- [ ] **cartographie** 〔女〕 地図作成法
- [ ] **satellite** 〔男〕 人工衛星
- [ ] **souiller** 〔他動〕…を汚染する
- [ ] **barrière** 〔女〕 障害、柵
- [ ] **existant(e)** 〔形〕 現行の、実在の
- [ ] **collectage** 〔男〕 集めること　 [ ] **collecter** 〔他動〕…を集める

新大陸

　80,000 トンに及ぶさまざまな大きさのプラスチックが海に浮かんでいる。これらは今や 7 番目の大陸と呼ばれるものを形成している。河口には廃棄物が集中し環境破壊の象徴となっているが、問題はここだけではない。それ以外のものは、まず散らばり、海流によってゆっくりと取り込まれ、渦の中に寄せ集められる。フランス領クリッパートン島は、人が住む土地からかなり離れていて全く汚されていない無人島とはいえ、これら海上の「自然のゴミ捨て場」のひとつの近くにある。船から投げ捨てられた綱、網、釣り道具などの品々が漂い、海の生物を傷つけたり、閉じ込めたりしている。魚が飲み込んだマイクロプラスチックが我々の食物連鎖に入ってくることになる。河岸でのバーベキューの際に、故意であろうがなかろうが捨てられたプラスチック製トレイが沖合にまで達するなどとは想像しがたい。政治の責任者は行動を起こしていない（起こしていてもわずかである）。こうした汚染はしばしば公海で見られるからである。ゴミの四分の三は 5 センチを超えるもので、この大きさならば回収するのは容易であろう。汚染された海域の衛星写真、海上柵、あるいは専門の船などを使ってこれらのゴミを回収することが現実的な解決策である。しかし最も効果的なのは、短期的あるいは中期的に、プラスチック製品の再利用を義務化するか、汚染を引き起こさない他の品に変えることである。詩人シャルル・トレネは「澄み切った湾に踊っているように見える海は銀色に輝いている」と歌った。これは過去の風景だろうか、それとも未来の風景だろうか。

S'entrainer

1 Choisissez la définition qui convient.

1. Chaine alimentaire :
   ⓐ Ensemble de magasins portant le même nom.
   ⓑ Ensemble des êtres vivants se nourrissant les uns des autres.

2. Continent :
   ⓐ Ensemble de plusieurs pays de même langue.
   ⓑ Grande étendue continue de terre ferme émergée.

3. Décharge sauvage :
   ⓐ Dépôt clandestin de déchets de toute nature.
   ⓑ Lieu organisé de collecte et de stockage des déchets.

4. Eaux internationales :
   ⓐ Eaux s'étendant au-delà des limites des mers territoriales des États.
   ⓑ Espace maritime géré par l'ONU.

5. Estuaire :
   ⓐ Embouchure d'un cours d'eau dessinant un golfe évasé et profond.
   ⓑ Lieu où une eau souterraine se déverse à la surface du sol.

2 Choisissez la réponse qui convient.

1. L'auteur utilise le conditionnel dans la phrase « entreraient dans notre chaine alimentaire » :
   ⓐ parce que ce fait n'est pas prouvé scientifiquement.
   ⓑ parce qu'il ne consomme jamais de poissons.

2. Charles Trenet chante « La mer… a des reflets d'argent. » :
   ⓐ parce que la mer est un lieu de ressources économiques.
   ⓑ pour magnifier la beauté de l'eau.

3. L'expression « haute mer » est le terme juridique légal :
   ⓐ désignant ce qu'on appelle couramment les « eaux internationales ».
   ⓑ désignant la marée haute des eaux des mers et océans.

Comprendre Vrai ou faux ? (🎧51)

1. Les Français seraient ceux qui font le plus la grève dans le monde.

( )

2. En cas de menace de grève, il y a toujours volonté de compromis.

( )

3. Les jours de grève sont toujours payés. ( )

4. Le cout d'une grève est différent dans le public et dans le privé. ( )

5. Les grands progrès sociaux ont souvent eu lieu après des grèves. ( )

(🎧52)

Les Français sont souvent présentés comme les champions du monde des jours de grève. En effet, il ne se passe guère de semaine sans qu'un défilé entre Nation et Bastille n'ait lieu à Paris, sans qu'une grève n'éclate dans une entreprise pour cause de licenciements économiques, délocalisation ou fermeture totale, sans qu'un mouvement social ne vienne bloquer la bonne marche des services aux Français : écoles, hôpitaux, transports en commun... Le dialogue a toujours été et reste difficile entre les syndicats, le patronat et l'État : la recherche du consensus ou du compromis n'existe pas vraiment. Très souvent, la grève est déclarée avant même toute concertation, certains responsables politiques utilisant alors le néologisme « gréviculture » pour dénoncer cette attitude. Les Étrangers regardent ce mode de fonctionnement avec beaucoup d'étonnement et se demandent souvent si les jours de grève sont payés ou non. La réponse est inscrite dans le Code du travail depuis 1961 :

aucun salaire n'est versé en cas d'arrêt volontaire de travail. Un jour de grève équivaut à un trentième du salaire mensuel dans le privé. Dans la fonction publique, le calcul diffère selon le statut du fonctionnaire. En fin de mouvement, pour apaiser le climat social, un accord peut être signé pour qu'une partie des jours non travaillés soit rémunérée ou qu'il y ait un étalement dans le temps des retenues salariales. Les grandes conquêtes sociales en France sont venues de mouvements sociaux longs et parfois violents. Passer d'une culture de la défiance à celle de la confiance n'est pas facile.

Décrypter

☐ **grève** 女 ストライキ　faire *grève* ストをする　être en *grève* スト中
☐ **menace** 女 脅威、脅し　☐ **menacer** 他動 脅す
☐ **volonté** 女 意志、意欲　☐ **volontaire** 形 自発的な　名 志願者
☐ **compromis** 男 妥協、示談　☐ **compromettre** 他動 仲裁契約を行なう
☐ **cout** 男 コスト、費用、代価
☐ **en effet** 確かに、事実…である、というのも

> ☐ **au fait** [o fɛt] ところで、要するに
> ☐ **en fait** [ɑ̃ fɛt] 実際は、事実においては

☐ **ne … guère** 副 ほとんど…ない
☐ **délocalisation** 女 移転、分散
　　☐ **délocaliser** 他動 (工場などを) 分散させる、移す
☐ **licenciement** 男 解雇　☐ **licencier** 他動 解雇する
☐ **bloquer** 他動 妨げる、止める
☐ **bonne marche des services** 女 業務
☐ **syndicat** 男 組合
☐ **patronat** 男 (集合的に) 経営者　☐ **patron** 男 経営者
☐ **consensus** 男 〔ラテン語〕意見の一致、同意、コンセンサス
　　☐ **consentir** 他動 à … …に同意する
☐ **concertation** 女 協議　☐ **concerter** 他動 …について協議する、打合わせる

□ **code** 男 法規、法律、法典　*code* civil 民法典　*code* pénal 刑法典
□ **équivaloir** 他動 à ... …に等しい
　　□ **équivalent** 男 同等の人・もの　□ **équivalence** 女 同等
□ **fonction** 女 機能、職、職務
□ **différer** 自動 異なる
□ **apaiser** 他動 和らげる、落ち着かせる ⟺ □ **attiser** 他動 あおる
　　□ **apaisant(e)** 形 気持ちを和らげる
□ **accord** 男 協定、合意
□ **rémunérer** 他動 給与を支払う、報酬を与える　□ **rémunération** 女 報酬
□ **étalement** 男 時期をずらすこと　*étalement* des horaires 時差出勤
□ **dans le temps** かつては
□ **retenue** 女 天引き、保留
□ **conquête** 女 獲得、征服、勝ち取ること　□ **conquérir** 他動 獲得する
□ **défiance** 女 疑念、不信

みんな、ストライキだ！

　フランス人は、ストライキ日数の世界チャンピオンとしてよく紹介される。実際、パリのナシオンとバスティーユの間でのデモがなく、工場の移転や完全閉鎖などによる経済的解雇が原因のストが企業で起きず、社会運動によってフランスの学校や病院、公共交通の業務が妨げられることなく、1週間が過ぎることはまずない…。組合、経営者、国の間の対話はこれまでも、そして今も困難で、同意や妥協の追求は現実には存在しない。ストは多くの場合、協議が全く始まっていないときでさえも宣言され、このような態度を告発するために「スト文化」という新語を使う政治責任者もいる。外国人はこのようなやり方を驚愕しつつ見ており、ストの日数に対して給料は支払われているのか否かを常々疑問に思っている。その答えは1961年以降、労働法に記されている。仕事を自発的に停止した場合、いかなる賃金も支払われない。民間企業においては、スト1日分は1か月分の給料の30分の1にあたる。公務員の場合の計算方法はそれぞれの身分によって異なる。スト終結の際には、労使関係を落ち着かせるため、働いていない日数の一部が支払われるか、あるいは分割で天引きされるか、取り決めがなされるだろう。フランスにおける社会的勝利は、長く、ときには乱暴な社会運動によってもたらされた。不信の文化から信頼の文化に移行するのは容易ではない。

1 Retrouvez l'explication qui convient pour chacune des expressions suivantes.

1. une retenue salariale ( ) 2. la fonction publique ( )
3. les transports en commun ( ) 4. une conquête sociale ( )
5. un mouvement social ( ) 6. un licenciement économique ( )
7. le Code du travail ( ) 8. le climat social ( )

ⓐ Moyens de déplacement pour plusieurs personnes sur un même trajet.

ⓑ Recueil organisé des textes de loi régissant le travail en France.

ⓒ Somme non versée du salaire par l'employeur pour une raison autorisée par la loi.

ⓓ Une grève, une manifestation par exemple.

ⓔ Ensemble des postes impliquant la gestion des affaires de l'État, d'une région, etc…

ⓕ Avantage nouveau acquis par l'ensemble des travailleurs.

ⓖ Rupture d'un contrat de travail à durée indéterminée en raison de problèmes financiers dans l'entreprise.

ⓗ Indicateur de la bonne (ou mauvaise) santé des relations humaines dans l'entreprise ou le pays.

2 Retrouvez dans le texte.

1. Deux noms féminins de sens contraire : ...., ...
2. Un antonyme du verbe *attiser* : ....
3. Un nom masculin synonyme d'*échelonnement* : ....
4. Un mot latin signifiant *accord sans opposition formelle* : ....
5. Un verbe à la 3ᵉ personne du singulier synonyme de *correspond* :

........................: ....

L'art au vent

Comprendre Vrai ou faux ? (53)

1. Les touristes français aiment bien visiter l'île de Nao au Japon. ( )
2. Il faut une heure en train de Paris pour rejoindre le musée de plein air dans la Meuse. ( )
3. Les promenades proposées sont exclusivement pédestres. ( )
4. Les œuvres exposées sont des œuvres de la Renaissance. ( )
5. Toutes les œuvres proposées sont présentées par les artistes. ( )

(54)

Les œuvres d'art ne sont pas toujours confinées dans des musées installés dans de magnifiques bâtiments historiques ou ultramodernes, elles peuvent aussi être admirées à l'air libre, comme sur la petite île de Nao（直島）au Japon, si prisée des touristes français, ou dans six villages ruraux du département de la Meuse, à une heure en train de Paris. Muni d'une carte papier ou numérique de « Vents des forêts », centre d'art contemporain en pleine nature sur son smartphone, le visiteur part à la découverte, en toute liberté, d'un des 7 circuits proposés pendant la belle saison. Ils sont tous accessibles à pied ou en VTT et proposent une promenade allant de 3 à 14 kilomètres sur des sentiers balisés : il est impossible de se perdre. Tout au long des balades sont fournies des explications artistiques, mais aussi écologiques sur l'environnement : faune et flore. L'expérience est unique : les chemins peuvent être un peu boueux après la pluie, il vaut mieux prévoir un produit anti-insecte (naturel) et de l'eau pour cette balade entièrement dans les bois.

Mais ce ne sont que de bien petits désagréments, vite oubliés lorsqu'on est face aux œuvres (des sculptures le plus souvent) exposées. Certaines sont en cours de réalisation, l'artiste étant parfois présent, prêt à échanger, à expliquer, à convaincre... L'originalité du projet vient du fait qu'il associe habitants, agriculteurs, chasseurs, forestiers, artistes pour que l'art vive en pleine campagne.

Décrypter

□ **pédestre** 形 徒歩の　randonnée *pédestre* ハイキング
□ **confiner** 他動 …を…に閉じ込める、監禁する
　　□ **confinement** 男 隔離、外出禁止
□ **ultramoderne** 形 超近代的な、最先端の ← ultra + moderne（近代的な）

接頭辞 ultra- 超…、極端な…
ultrason 男 超音波 ← ultra + son（音）
ultrasensible 形 超高感度の、過敏な← ultra + sensible（敏感な）
ultraviolet 男（**U.V.**）紫外線 ← ultra + violet（紫色）

□ **priser** 他動 …を高く評価する
□ **munir** 他動 munir *qn* de *qc* …を…に持たせる
□ **circuit** 男 周遊コース、観光コース
□ **la belle saison** 晩春から初秋にかけての気候のよい季節
　　⟺ **la mauvaise saison** 晩秋から冬にかけての気候の悪い季節
□ **VTT**（= vélo tout terrain）マウンテンバイク
□ **sentier** 男（森、野山などの）小道

　□ **chemin** 男 一般的な道
　□ **rue** 女 都市の道、一般的な道　dans la *rue* 通りで
　□ **boulevard** 男 並木のある大通り、環状道路　sur le *boulevard* 大通りで
　□ **avenue** 女 主要建造物に通じる直線道路
　　　sur l'*avenue* des Champs-Elysées シャンゼリゼ通りで
　□ **route** 女 都市間を結ぶ道路

□ **baliser** 他動 …に標識を設置する

□ **balade** 女〔話〕散歩（= promenade）

□ **faune** 女 動物相

□ **flore** 女 植物相

□ **boueux / boueuse** 形 泥の、泥だらけの
  □ **boue** 女 泥 〔比較〕**vase** 女（水底の）泥、沈泥

□ **prévoir** 他動 …を準備する、予定する、…を予想する
  □ **prévision** 女 予想 □ **prévu(e)** 形 予定された、用意された

□ **désagrément** 男 不愉快な思い、厄介

風の芸術

　芸術作品は必ずしも歴史的あるいは超近代的な豪奢な建物の中にある美術館に閉じ込めておくものではない。フランス人観光客に高く評価されている日本の直島のように、あるいはまたパリから列車で１時間のムーズ県にある６つの田舎の村のように、自然の中でも鑑賞できるはずだ。季節のよい時期、（ムーズの）野外現代美術センター「Vents des forêts（森の風）」の紙やスマートフォンの地図を受け取った来場者は、設定されている７つのコースのうちの１コースを自由に見学に出かける。徒歩でもマウンテンバイクでも行くことができる。コースはそれぞれ３キロから14キロ、標識が設置されているので迷うことはない。散策道沿いには芸術作品の説明があるが、動物相、植物相など環境保護に配慮されている。ここでの体験はユニークだ。雨のあとの道はぬかるむことがあるし、完全に森の中の散策なので、天然成分の虫除け剤と水を用意したほうがよい。しかし、それらはささいなことに過ぎない。展示された作品（最も多いのは彫刻だ）を前にしたら、すぐに忘れてしまう。制作中の作品もある。ときには、アーティストがその場にいることもあるので、感想を交わしたり、説明を受けたり、議論したり…。住民、農業従事者、狩人、森林管理人、アーティストが一体となって、田舎の真ん中で芸術を創り出していることが、このプロジェクトの独創的な点だ。

S'entrainer

1 Complétez chaque phrase avec un mot du texte.

1. Ces salles du musée ne sont pas _____ au public.

2. Des _____ ont abattu un sanglier dans les bois environnants.

3. La Vénus de Milo fait partie des _____ exposées au Louvre.

4. Vivre à la _____ n'a pas que des avantages !

5. La protection de l'_____ fait partie désormais des préoccupations de beaucoup.

6. Nous n'avons plus de _____ pour faire la vaisselle.

7. Notre TGV est en retard. Veuillez nous excuser pour ce _____ !

2 Choisissez le mot qui convient.

1. balade / ballade

   ⓐ La _____ est un nom féminin désignant l'action de se promener.

   ⓑ La _____ est un genre littéraire ou musical.

2. Flore / flore

   ⓐ Ce magazine nous propose de découvrir la _____ en Bretagne.

   ⓑ Ma petite sœur s'appelle _____ : c'est joli, non ?

3. plaine / pleine

   ⓐ Cette promenade dans la Meuse est _____ de surprises.

   ⓑ Cette ville est située dans une vaste _____.

4. près / prêt /

   ⓐ Si tu es _____, partons !

   ⓑ Le début du sentier est tout _____ d'ici : allons-y !

5. sentier / sentiez

   ⓐ Ce petit _____ va jusqu'à la mer.

   ⓑ Vous vous _____ à l'aise dans ce groupe ?

Dites 33 !

Comprendre Vrai ou faux ? 🎧55

1. Mᵐᵉ Suzuki et Nicole s'étaient rencontrées à Tokyo. ( )
2. Mᵐᵉ Suzuki est tombée malade le surlendemain de son arrivée chez Nicole. ( )
3. Pour aller chez le médecin, il a fallu une demi-heure en voiture. ( )
4. Mᵐᵉ Suzuki n'a pas compris pourquoi elle devait dire « 33 ». ( )
5. Le cabinet médical et la pharmacie étaient dans le même bâtiment. ( )

🎧56

Mᵐᵉ Suzuki était ravie de retrouver Nicole, une amie française, avec qui elle avait travaillé voilà dix ans à Tokyo. Le voyage jusqu'au hameau bourguignon où vivait maintenant Nicole avait été long, mais cela en valait la peine. Les retrouvailles avaient été fort chaleureuses. Hélas, le troisième jour après son arrivée, Mᵐᵉ Suzuki s'est réveillée avec un bon mal de gorge. Les visites du médecin à domicile étant réservées aux cas les plus graves, Nicole l'a emmenée au cabinet médical du bourg voisin, soit un trajet en voiture d'une trentaine de minutes. Première surprise, celui-ci se trouvait dans une magnifique maison bourgeoise du XIXᵉ siècle. Le médecin, une femme très sympathique, après les questions d'usage, lui a demandé de dire « 33 » pendant qu'elle l'auscultait avec attention. Confuse, Mᵐᵉ Suzuki a répondu : « Non, 41. J'ai 41 ans. » La doctoresse lui a expliqué en souriant que dire ce chiffre provoque quelques vibrations de la cage thoracique, lui permettant de mieux discerner l'état des poumons de sa patiente avec son stéthoscope. Une fois l'ordonnance délivrée, les deux amies ont dû se rendre à la pharmacie, située à l'autre bout du village. Deuxième surprise, alors que Mme Suzuki devait prendre trois cachets par jour pendant trois jours, la pharmacienne lui a vendu une boite de 30 comprimés. Nicole lui a confié que c'était la manière de faire en France, tout en regrettant ce gâchis. Mme Suzuki s'est remise sur pied en quelques jours et a gardé un bon souvenir de cette aventure médicale !

Décrypter

☐ **surlendemain** 男 翌々日
☐ **bâtiment** 男 (一般的に) 建物全般

> ☐ **immeuble** 男 住居、オフィス用等の共用ビル
> ☐ **tour** 女 塔、高層ビル、タワーマンション
> ☐ **édifice** 男 大建造物
> ☐ **gratte-ciel** 男 超高層ビル

☐ **hameau** 男 僻地の小集落
☐ **bourguignon(ne)** 形 ブルゴーニュの
☐ **peine** 女 苦労、罰
    ☐ **valoir la peine de ...** …する価値がある
☐ **retrouvailles** 女〔複数〕再会、関係修復
☐ **chaleureux / chaleureuse** 形 熱烈な、温かい
☐ **hélas** 間投 ああ、なんということだ
☐ **bourg** 男 大きな村　hameau < village < bourg < ville
☐ **trajet** 男 道のり
☐ **d'usage** いつもの、慣例的な
☐ **ausculter** 他動 聴診する
☐ **doctoresse** 女 女医　☐ **docteur** 男 医師

□ **provoquer** 他動 引き起こす、挑発する

□ **vibration** 女 振動、震え　□ **vibrer** 自動 振動する

□ **thoracique** 形 胸部の　cage *thoracique* 女 胸郭

□ **discerner** 他動 認める、気づく

□ **poumon** 男 肺

□ **stéthoscope** 男 聴診器

□ **délivrer** 他動 交付する、解放する　□ **délivrance** 女 交付、解放

□ **cachet** 男 1 錠、1 カプセル、オブラート

> □ **capsule** 女 カプセル錠
> □ **comprimé** 男 錠剤
> □ **sirop** 男 シロップ
> □ **pommade** 女 軟膏

□ **confier** 他動 打ち明ける　□ **confiance** 女 信頼

□ **gâchis** 男 無駄遣い　□ **gâcher** 他動 浪費する

□ **se remettre sur pied** 健康を回復する

---

33 と言ってみてください

　鈴木さんは、東京で 10 年前に一緒に働いていた友だちのフランス人女性ニコルと再会したことをとても喜んでいた。ニコルが現在暮らしているブルゴーニュの小さな集落までの旅は長かったが、苦労の甲斐はあった。再会はとても心温まるものだった。ところが、なんということだ、到着から 3 日目、鈴木さんは目覚めた時、ひどく喉が痛かった。医者の訪問診療はより重篤な場合に限られるので、ニコルは車で 30 分ほどの道のりの隣村の診療所に彼女を連れて行った。鈴木さんがまず驚いたのは、その診療所が 19 世紀に建てられた壮麗な豪邸の中にあったこと。医師はとても感じのいい女性で、お決まりの質問の後、注意深く聴診しているときに、彼女に「33」と言うよう告げた。鈴木さんは困惑して、「違います、私は 41、41 歳です」と答えた。女性医師は微笑みながら、その数字を言うことで胸郭が振動を起こし、聴診器でよりよく患者の肺の状態を見抜くことができると説明した。処方箋が渡されると、2 人は村の反対側にある薬局まで行かなければならなかった。3 日間、1 日 3 錠服用しなければならないのだが、薬剤師が 30 錠入りの箱を売ったことは鈴木さんにとって 2 つめの驚きだった。ニコルは無駄遣いを残念に思いつつ、これがフランスでのやり方なのだと打ち明けた。鈴木さんは数日で回復し、この医療冒険はよき思い出となった。

1 Choisissez l'explication qui convient.

1. « Cela en valait la peine. »

   (a) C'était bien d'avoir fait l'effort d'entreprendre ce long voyage.

   (b) Faire ce long voyage avait fait de la peine à Mme Suzuki.

   (c) Ce long voyage avait été difficile pour Mme Suzuki.

2. « après les questions d'usage, »

   (a) par exemple « Vous avez fait bon voyage ? »

   (b) par exemple « Vous ne vous sentez pas bien depuis quand ? »

   (c) par exemple « Vous êtes japonaise ? »

3. « une fois l'ordonnance délivrée »

   (a) après avoir terminé l'examen médical

   (b) après avoir écrit la liste des médicaments prescrits

   (c) après avoir fait payé les frais médicaux

4. « c'était la manière de faire en France »

   (a) La pharmacienne prévoit que Mme Suzuki aura besoin de plus de cachets.

   (b) Cette pharmacienne ne vend pas de médicaments à l'unité.

   (c) Les médicaments ne sont pas vendus à l'unité en France.

5. « tout en regrettant ce gâchis. »

   (a) Nicole regrette que Mme Suzuki doive prendre des médicaments.

   (b) Nicole regrette que l'on vende plus de cachets qu'il ne faut, en France.

   (c) Nicole regrette d'avoir perdu sa journée.

6. « Mme Suzuki s'est remise sur pied. »

   (a) Mme Suzuki a pu marcher à nouveau.

   (b) Mme Suzuki a retrouvé sa bonne humeur.

   (c) Mme Suzuki a retrouvé une bonne santé.

Comprendre Vrai ou faux ？ 〔57〕

1. La glottophobie est une nouvelle maladie liée au langage.　（　）
2. Avoir un accent marqué peut poser des problèmes professionnels en France.　（　）
3. Pour les spécialistes du langage, toute personne a un accent lorsqu'elle parle.　（　）
4. Certaines langues étrangères sont plus appréciées que d'autres, en France.　（　）
5. La loi réprime la glottophobie en France.　（　）

〔58〕

Le mot glottophobie a été imaginé en 2008 par le sociolinguiste Philippe Blanchet pour désigner une forme de discrimination basée sur le langage, certaines langues et certains accents régionaux, nous apprend le Wiktionnaire. Ainsi, quand un Premier ministre venu du Languedoc-Rousillon est nommé en 2020, il devient rapidement la cible des railleries, sur les réseaux sociaux et dans les médias, pour son accent et sa façon, naturellement lente, de s'exprimer. Peu importe la qualité ou non de son discours politique, sur lequel il devrait d'abord être jugé ! Des grandes écoles conseillent à leurs nouveaux élèves de perdre leur accent pour s'assurer un meilleur futur professionnel. Pourtant, les linguistes savent bien qu'il n'y a pas d'accent neutre, celui privilégié en France étant bourgeois et parisien. Les personnes ne maitrisant pas bien la langue de Molière sont parfois humiliées par les recruteurs pour leurs lacunes, lorsqu'elles sont en recherche d'emploi. Celles, parlant parfaitement français, mais avec un fort accent, sont catégorisées de manière négative. Difficile, parait-il, d'être hôtesse d'accueil à Paris avec un fort accent marseillais. Idem pour les langues étrangères qui sont hiérarchisées dans l'esprit de beaucoup : si l'anglais séduit, d'autres, à la prononciation difficile pour les Français, sont caricaturées méchamment par des comédiens qui se veulent comiques. « L'accent est l'âme du discours, il lui donne le sentiment et la vérité. » a écrit Jean-Jacques Rousseau. Puisque cela ne suffit pas, une loi, datant de 2016, ajoute la glottophobie à la longue liste des discriminations réprimées par la justice.

Décrypter

□ **glottophobie** [女] 言語による差別
  ← glotto-（舌、言語）+ -phobie（…を嫌う、恐れる）
□ **réprimer** [他動] …を抑える
□ **sociolinguiste** [名] 社会言語学者 ← socio- 社会 + linguiste 言語学者
□ **discrimination** [女] 社会的な差別　□ **discriminatoire** [形] 差別的な
□ **cible** [女] 標的、的、対象
  □ **cibler** [他動] …にターゲットを定める　□ **ciblage** [男] ターゲットを定めること
□ **raillerie** [女] 嘲弄、からかい
  □ **railler** [他動] …をからかう　□ **railleur / railleuse** [形][名] からかい好きな(人)
  □ **rallleusement** [副] からかって
□ **réseaux sociaux** [男]〔複数〕ソーシャルネットワーク
□ **privilégié(e)** [形] 特権を与えられた
  □ **privilège** [男] 特権　□ **privilégier** [他動] …に特権を与える
□ **humilier** [他動] …を侮辱する　□ **humiliation** [女] 屈辱

□ **recruteur / recruteuse** 名 勧誘係、募集係
  □ **recruter** 他動 …を募集する　□ **recrutement** 男 募集
□ **lacune** 女 欠如、不備　□ **lacunaire** 形 欠陥のある
□ **catégoriser** 他動 …を分類する、類別する
  □ **catégorie** 女 カテゴリー、種類　□ **catégorisation** 女 分類
□ **idem** 副〔ラテン語〕同じく、同上
□ **hiérarchiser** 他動 …に階級を設ける、序列化する
  □ **hiérarchie** 女 階級　□ **hiérarchique** 形 階級制の
  □ **hiérarchiquement** 副 階層的に
□ **séduire** 他動 …を魅惑する　□ **séduction** 女 魅力、魅惑
□ **caricaturer** 他動 …を戯画化する、風刺する
  □ **caricature** 女 風刺画　□ **caricatural(e)** 形 風刺的な
□ **méchamment** 副 意地悪く、冷酷に
  □ **méchanceté** 女 意地悪、悪意、冷酷さ　□ **méchant(e)** 形 意地悪な

言語差別

　glottophobie という語は、ことば遣いや、ある種の言語や地方の訛りなど、言語に関する差別を意味する語として、2008 年に社会言語学者フィリップ・ブランシェが造語したとウィクショナリーには書かれている。たとえば、ラングドック・ルシヨン出身の首相が、2020 年に任命された際、彼の訛りやゆっくりとしたしゃべ方などがすぐにソーシャルネットワークやメディアで揶揄された。まずは政治的な演説こそが評価されるべきであるのに、演説の質は重視されないのである！グランゼコールは、新入生に、輝かしい将来のために訛りをなくすことを勧めている。しかし言語学者は、フランスにおいて特権的なブルジョワやパリのことばでも、訛りがまったくないことはあり得ないことをよく知っている。モリエールの言語を使いこなせない人たちは、求職中に時折、人事担当者から不備として侮辱される。フランス語を完璧に話しても、強い訛りがある人は思わしくない評価を受ける。パリでは、強いマルセイユ訛りがある場合、受付嬢は難しそうである。外国語についても同じで、多くの人の心の中で優劣がつけられている。英語は魅力的であるが、フランス人にとって発音が難しいその他の言語は、自分をおもしろおかしく見せたい俳優たちによって意地悪く風刺化される。「訛りはことばの魂、感情と真実をことばに与える」とジャン＝ジャック・ルソーは書いている。このルソーのことばだけでは十分ではないので、2016 年、言語差別は司法による処罰対象の長いリストに加えられた。

S'entrainer

1 Choisissez le bon résumé du texte.

ⓐ Ce texte présente les problèmes posés par la difficulté à bien dire et écrire les mots français qui ont un accent sur une voyelle.

ⓑ Ce texte parle des ennuis rencontrés par les personnes qui parlent mal français parce qu'elles manquent d'éducation.

ⓒ Ce texte présente certaines des difficultés vécues par des personnes en raison de la manière de parler français.

2 Associez chaque mot avec sa définition.

1. âme	2. discrimination	3. hôtesse d'accueil
4. justice	5. liste	6. prononciation
7. raillerie	8. recruteur	

ⓐ Fait de séparer un groupe humain des autres en le traitant plus mal.

ⓑ Manière dont les sons du langage sont articulés.

ⓒ Organisation du pouvoir judiciaire.

ⓓ Personne chargée de renseigner la clientèle d'un lieu ou d'une entreprise, *etc.*

ⓔ Personne chargée de trouver le bon candidat pour un poste.

ⓕ Principe de la sensibilité et de la pensée (opposé au corps).

ⓖ Propos ou écrit par lequel on se moque.

ⓗ Suite de mots, de signes, généralement inscrits les uns au-dessous des autres.

3 Retrouvez dans le texte.

1. le nom d'un comédien français du XVIIᵉ siècle : ....

2. le nom d'un philosophe genevois du XVIIIᵉ siècle : ....

3. le nom d'un spécialiste contemporain des langues : ....

4. le nom d'une ancienne région du Sud-ouest de la France : ....

Et comme dessert ?

Vrai ou faux ? 59

1. Il est possible d'expliquer l'origine du nom de certains gâteaux français. ( )
2. Jeter du pain était un geste interdit pour des raisons religieuses. ( )
3. L'*éclair* porte ce nom parce qu'il se mangeait très vite. ( )
4. Le *financier* était vendu à la Bourse de Paris. ( )
5. Le nom d'un gâteau a été modifié pour des raisons sociétales. ( )

60

La pâtisserie française jouit d'une réputation flatteuse, dans le monde entier, pour ses gâteaux raffinés et esthétiques. Leurs saveurs sucrées permettent de merveilleusement terminer un repas ou de satisfaire une petite gourmandise en cours de journée. Les pâtissiers ont eu parfois de l'imagination pour dénommer leur création. Ainsi, le *pain perdu* plus connu au Japon sous le nom de « French toast » permettait d'utiliser le pain rassis, évitant ainsi de le jeter, geste sacrilège. Le *Kouign-amann* a gardé son nom breton parce que traduit en français, il se serait appelé « gâteau au beurre », nom peu vendeur, n'est-ce pas ! L'*éclair*, pâte à choux étirée, fourrée au chocolat ou au café et glacée sur le dessus, était si délicieux qu'il se mangeait, disait-on, en un éclair ! Certains gâteaux ont reçu des noms qui se voulaient humoristiques. Le *divorcé* se prépare comme un éclair, mais a la forme de deux boules farcies de crèmes aux parfums différents. Le *pet-de-nonne* est un beignet soufflé et sucré qui se serait appelé plus élégamment *paix de nonne*. Le *financier* a pris une forme rectangulaire rappelant un lingot d'or, lorsqu'il a été remis au gout du jour par un pâtissier dont le magasin se trouvait tout près de la Bourse, à Paris. Le *Chinois*, viennoiserie alsacienne se nommerait ainsi parce qu'il contenait, à l'origine, de l'orange amère confite très utilisée en Chine. La mal nommée *tête-de-nègre*, appellation bien trop raciste, a été rebaptisée meringue au chocolat. Les noms donnés aux gâteaux racontent (un peu) la France.

Décrypter

☐ **Bourse** 囡 証券取引所

☐ **sociétal(e)** 圈 社会の、社会生活に関する

☐ **financier** 團 (菓子の) フィナンシエ、金融家

☐ **jouir** 他動 **de...** …に恵まれる、享受する

☐ **réputation** 囡 評判、名声　☐ **réputé(e)** 圈 評判のよい

☐ **flatteur / flatteuse** 圈 媚びる、お世辞のうまい　☐ **flatter** 他動 お世辞を言う

☐ **raffiné(e)** 圈 洗練された　☐ **raffinement** 團 洗練

☐ **saveur** 囡 味、風味、味わい

☐ **gourmandise** 囡 美食、欲望

☐ **dénommer** 他動 命名する

☐ **rassis(e)** 圈 (パン、菓子などが) 少し固くなった　團 少し固くなったパン

☐ **sacrilège** 圈 冒瀆的な　團 冒瀆

☐ **breton(ne)** 圈 ブルターニュ地方の

☐ **pâte** 囡 生地〔複数〕パスタ

☐ **étiré(e)** 圈 引き伸ばした　☐ **étirer** 他動 伸ばす

☐ **fourré(e)** 圈 中身をつめた　☐ **fourrer** 他動 押し込む

☐ **glacé(e)** 圈 糖衣を着た、冷やした

☐ **dessus** 團 表面 ⟺ ☐ **dedans** 團 内部、内側

☐ **humoristique** 圈 ユーモラスな

□ **pet** 男 おなら
□ **nonne** 女 〔ふざけて〕尼さん 〔類〕**religieux / religieuse** 名 修道士、修道女
□ **rectangulaire** 形 長方形の
□ **lingot** 男 インゴット *lingot d'or* 金塊
□ **au gout du jour** 流行の
□ **viennoiserie** 女 菓子パン
□ **amer / amère** 形 苦い
□ **confit(e)** 形 （砂糖、油、酢などに）漬けた
□ **nègre** 名 〔軽蔑的に〕黒人、黒ん坊
□ **raciste** 形 人種差別の
□ **rebaptiser** 他動 名前を変更する [r(ə)batize]
□ **meringue** 女 メレンゲ

デザートは何にしますか？

　フランス菓子は、繊細で美しいお菓子として世界中で褒めそやされている。甘い風味で食事を気持ちよく終えることができたり、一日の中での甘いものへのちょっとした欲望を満足させてくれたりする。ときおり、菓子職人は自分たちの作品に名前を思いつく。たとえば、日本では「フレンチトースト」という名で知られているパン・ペルデュ（駄目になったパン）はパンを捨てるという神への冒涜的行為を避け、固くなったパンを利用することができる。クイニー・アマンはブルターニュ語の名前のまま。フランス語に訳すと「バターケーキ」となってしまい、この名前ではあまり売れそうにない。エクレア（稲妻）は長いシュー生地にチョコレートかコーヒークリームを詰めて、表面に糖衣をつけたもの。あまりにも美味しくて、人々は稲妻の速さで食べてしまうと言われていた。ユーモラスな名前を望まれた菓子もある。ディボルセ（離婚者）はエクレアのように作られるが、2つの丸い形にはそれぞれ違う種類のクリームが詰められる。ペドノヌ（尼さんのおなら）は甘いふんわりした揚げ菓子。もっとエレガントにペドノヌ（尼さんの平和）と呼べばよかったのに。フィナンシエは、パリの証券取引所のすぐ近くに店があったパティシエが、金塊を思い起こさせる長方形の形にしたことで再び流行した。シノワ（中国人）はアルザスの菓子パン。もともと中国でよく使われる砂糖漬けの苦いオレンジが入っていたことからこの名前がつけられた。テット・ド・ネーグル（黒人の頭）は名付け方が悪かった。あまりにも人種差別的な名称なので、チョコレートメレンゲと改名された。お菓子に付けられた名前は（少し）フランスを物語る。

S'entrainer

1 Associez chaque mot avec sa définition.

| 1. beignet | 2. chou | 3. gâteau | 4. meringue |
| 5. pain | 6. parfum | 7. pâte | 8. viennoiserie |

ⓐ Aliment fait de farine, d'eau, de sel et de levain, pétri, levé et cuit au four.

ⓑ Gout de ce qui est aromatisé.

ⓒ Produit fin de boulangerie qui n'est pas du pain (croissant, brioche…).

ⓓ Préparation alimentaire à base de farine délayée dans un liquide, destinée à la cuisson.

ⓔ Pâtisserie légère et soufflée.

ⓕ Gâteau très léger fait de blancs d'œufs battus et de sucre, cuit au four.

ⓖ Pâtisserie à base de farine, de beurre et d'œufs, le plus souvent sucrée, cuite au four.

ⓗ Mets sucré ou salé fait d'une pâte assez fluide, frit dans l'huile.

2 Retrouvez dans le texte.

1. un adjectif désignant une région de l'est de la France : ....
2. un nom inspiré par celui de la capitale de l'Autriche : ....
3. un adjectif désignant une région de l'ouest de la France : ....
4. un adjectif tiré du vocabulaire religieux : ....
5. un nom tiré du vocabulaire religieux : ....
6. un adjectif synonyme de « allongée » : ....
7. un adjectif synonyme de « amusants » : ....
8. deux adjectifs du vocabulaire culinaire parfaitement synonymes

: .... , ...

127

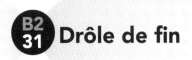

Drôle de fin

B2
31

61

Comprendre Vrai ou faux ?

1. Le narrateur est allé au cinéma avec des amis voir un film japonais.

( )

2. L'histoire du film se passe au Soudan. ( )
3. Le film raconte les bonheurs amoureux du héros. ( )
4. La fin du film se passe en bord de mer ou d'océan. ( )
5. Tout le monde a bien aimé la fin très originale du film. ( )

🎧 62

Mes amis japonais et moi avons choisi d'aller au cinéma dans une salle Art et essai du quartier des Halles. Nous voulions voir une œuvre qui ait du sens et nous avons fait un bon choix : le film raconte la vie mouvementée d'un jeune immigré soudanais, venu en France pour fuir la guerre et les persécutions liées à son homosexualité. Kamal croyait être libre ici, mais son histoire d'amour, avec un jeune Français, lui cause bien des tourments. La fin du film approche. Un long travelling suit le héros courant à perdre haleine sur un sentier, en haut d'une falaise. Puis des rouleaux viennent se briser sur d'énormes rochers. La dernière image montre les habits du héros emportés par les vagues... Fondu au noir et générique. Nous quittons la salle en silence et je ne peux que remarquer l'incrédulité sur le visage de mes amis. Une fois attablés à la terrasse d'un café tout proche, Naoto s'interroge : « Heu, je n'ai pas compris la fin. Le héros s'est suicidé ? ». Ayana intervient : « Mais non, il est retourné dans son pays : j'ai vu un navire au loin. » Yuna déclare : « C'est

trop triste, je préfère le *happy* end des films américains. »
Une voisine de table se mêle de notre discussion : « Moi,
j'imagine que Kamal met en scène sa mort pour partir
ailleurs, avec son petit ami. ». Les films français ont souvent
une fin qui oblige le spectateur à réfléchir, à imaginer son
propre épilogue. Moi, j'adore ça !

Décrypter

☐ **mouvementé(e)** 形 波乱に富んだ
　　☐ **mouvement** 男 動き　☐ **mouvoir** 他動 …を動かす
☐ **immigré(e)** 形 移住した　名 移民
　　☐ **immigrer** 自動 (他国から) 移住してくる
　　☐ **immigration** 女 (他国からの) 移住
☐ **soudanais(e)** 形 スーダンの
　　☐ **Soudanais(e)** 名 スーダン人　☐ **Soudan** 固有 男 スーダン
☐ **fuir** 自動 逃げる 他動 …を逃れる　☐ **fuite** 女 逃げること
☐ **lié(e)** 形 **à ...**…に結びついた、起因する
　　☐ **lier** 他動 …を結びつける　☐ **lien** 男 関係
☐ **homosexualité** 女 同性愛　☐ **homosexuel(le)** 形 同性愛の　名 同性愛者
☐ **causer** 他動 …を引き起こす、…の原因となる　☐ **cause** 女 原因
☐ **tourment** 男〔多く複数で〕苦悩
　　☐ **tourmenté(e)** 形 苦しんでいる　☐ **tourmenter** 他動 …を苦しめる
☐ **travelling** 男〔英語〕〔映画〕移動［撮影］
☐ **courir à perdre haleine** 息せき切って走る
☐ **falaise** 女 (海岸の) 断崖
☐ **rouleau** 男 波頭、(映画フィルムの) 巻き、ローラー、巻物
☐ **se briser** 代動 砕ける
☐ **fondu** 男 フェード
☐ **générique** 男 エンドロール
☐ **incrédulité** 女 不信
☐ **attablé(e)** 形 食卓についた
☐ **intervenir** 自動 発言する、介入する　☐ **intervention** 女 介入

□ **navire** 男 大型の船　＊改まった表現

> □ **bateau** 男 （一般的な）船
> □ **bâtiment** 男 船舶
> □ **paquebot** 男 大型客船
> □ **embarcation** 女 小型船
> □ **vaisseau** 男 軍艦

□ **obliger** 他動 ＋人 ＋ à ＋ 不定詞 …に…を強いる

> □ **obligation** 女 義務　□ **obligatoire** 形 義務的な、強制的な
> □ **obligé(e)** 形 …しなければならない　□ **obligatoirement** 副 強制的に

□ **épilogue** 男 結末、エピローグ

奇妙なラスト

　私は日本人の友人とレ・アル地区にある名画座へ映画を見に行くことにした。私たちは意味のある作品を見たかったので、戦火や同性愛の迫害から逃れるためにスーダンからフランスに移住した若い男性の波乱に富んだ人生を描いた作品は、よい選択だった。カマルはフランスに来れば自由になれると思っていた。だが、フランス人の若者との恋に苦悩する。映画の終わりが近づいてくる。断崖絶壁の上の小道を主人公が息を切らせて走る長いシーン。そして波頭が巨大な岩まであがり、打ち砕かれる。主人公の服が波にさらわれているのが最後のシーンである。黒くフェードがかかり、エンドロール。私たちは黙って映画館を離れた。友人たちの顔には不信感しか見えなかった。すぐ近くのカフェのテラスにつくと、ナオトが言った。「うーん、ラストがわからなかったなぁ。主人公は自殺したのかなぁ」。アヤナが発言する。「違うわよ。彼は自分の国に帰ったのよ。遠くに船が見えたわ」。ユナが言う。「悲しすぎるわ。私はアメリカ映画のようにハッピーエンドがいいわ」。隣のテーブルの人が話に割り込んできた。「私は、カマルが恋人と一緒にどこかへ旅立つために死んだのだと思います」。フランス映画はしばしば観客にラストを考えさせ、それぞれのエピローグを想像させる。私は、それが大好きだ！

S'entrainer

1 Retrouvez le mot qui convient dans le texte. Chaque mot est utilisé deux fois, dans deux sens différents dont celui du texte.

ⓐ Nous visiterons les beaux .... de la capitale.

ⓑ Au cinéma, une image qui s'évanouit dans le noir s'appelle un

....

ⓒ Ne prends pas cette rue, elle est en .... interdit !

ⓓ J'adore écouter le bruit des ...., c'est reposant, non ?

ⓔ Ce que tu racontes n'a aucun ....

ⓕ Les explications données par ce guide sont trop .... :
nous sommes perdus.

ⓖ Peux-tu couper quelques .... de pomme pour faire
une tarte ?

ⓗ Oh, le chocolat a .... sous le soleil !

ⓘ Tous les noms des acteurs figurent au .... du film.

ⓙ Allons faire du surf dans les .... de l'océan, à Biarritz !

ⓚ Les orages ont causé des pannes de .... un peu partout.

ⓛ Mon médecin m'a prescrit un médicament ....

ⓜ Pierre est tombé en .... : il s'est tordu la cheville.

ⓝ Il faudrait acheter des .... de papier toilette.

2 Choisissez l'explication correspondant à l'avant-dernière phrase du texte.

ⓐ La fin d'un film français est toujours très triste parce que les
Français sont pessimistes de nature.

ⓑ La fin d'un film français implique souvent une réflexion de la part
du spectateur.

ⓒ Les Français, comme les Américains, préfèrent une fin heureuse ou
triste, mais très claire.

Comprendre Vrai ou faux ? 〔63〕

1. La présomption d'innocence est entrée dans le droit français en 1789. ( )
2. La présomption d'innocence est toujours respectée en France. ( )
3. La présomption d'innocence, lorsqu'elle n'est pas respectée, peut avoir des conséquences graves. ( )
4. Le conditionnel est souvent utilisé par les journalistes. ( )
5. La justice est plus lente à juger que les médias et réseaux sociaux. ( )

〔64〕

Dès 1789, la Déclaration des droits de l'homme et du citoyen indiquait que « tout homme (est) présumé innocent jusqu'à ce qu'il ait été déclaré coupable... » L'idée a été reprise dans l'article 9-1 du Code civil français en 1993, où il est inscrit pour la première fois que « chacun a droit au respect de la présomption d'innocence ». Mais ce principe fondamental pour une justice bien rendue a été très souvent bafoué. Il l'est encore plus sur les réseaux sociaux où toute nouvelle, surtout croustillante et mettant en scène des personnalités religieuses, politiques ou médiatiques, ou des gens moins connus, est largement commentée. La personne mise en cause est déjà condamnée sans preuve par la vindicte populaire, bien avant tout travail de recherche de la vérité par le système judiciaire, avec des conséquences terribles pour elle. Les chaines d'info en continu ont besoin de remplir leur temps d'antenne, alors les journalistes commentent plus qu'ils n'informent, en utilisant le conditionnel, temps de la conjugaison bien pratique pour insinuer tout en respectant la loi : « Cet acteur *aurait battu* sa femme ! » Le scandale fait de l'audience. L'émotion collective emporte tout sur son passage. Dans la formule « violeur présumé », les gens ne gardent en mémoire que le premier mot et tant pis si l'innocence est prouvée bien plus tard, parce que le temps judiciaire est plus long que le temps médiatique. Vers la fin de tout procès, la parole est à la défense. Mais qui écoute encore ?

Décrypter

- □ **présomption** 女 推定
    - □ **présomptif / présomptive** 形 推定される
- □ **innocence** 女 無実　□ **innocent(e)** 形 無実の
- □ **droit** 男 権利、法律、法律学、税
- □ **présumé(e)** 形 推定された　□ **présumer** 他動 推定する
- □ **coupable** 形 有罪の
- □ **article** 男 条項
- □ **au respect de ...** …に関して
- □ **principe** 男 原則
- □ **fondamental(e)** 形 基本となる
    - □ **fondement** 男 基礎　□ **fonder** 他動 …の基礎を築く、…を設立する
- □ **rendre justice** 正当に評価する
- □ **bafouer** 他動 踏みにじる
- □ **croustillant(e)** 形 きわどい、カリカリ音のする
- □ **commenter** 他動 解説する、注釈する　□ **commentaire** 男 解説
- □ **mettre en cause** 問題にする
- □ **condamner** 他動 有罪判決を下す
    - □ **condamnation** 女 有罪判決
- □ **preuve** 女 証拠　□ **prouver** 他動 …を証明する

□ **vindicte** [女] 制裁、処罰 　□ **vindicatif / vindicative** [形] 執念深い

□ **judiciaire** [形] 裁判上の

□ **antenne** [女] 放送、アンテナ

□ **insinuer** [他動] …をほのめかす、遠回しに言う
　　　　□ **insinuation** [女] 遠回しの言葉

□ **loi** [女] 法、法律、規則、掟

□ **audience** [女] 注目、支持、視聴者

□ **collectif / collective** [形] 集団の 　□ **collectivité** [女] 集団、団体

□ **formule** [女] 表現、言い回し

□ **violeur** [男] 強姦者

□ **procès** [男] 訴訟 　*procès* civil 民事訴訟 　*procès* criminel 刑事訴訟

□ **défense** [女] 弁護側 　La parole est à la *défense* 弁護側に発言を許可する

推定無罪

　1789 年、人権宣言（人間および市民の権利の宣言）は「全ての人は有罪判決を受けるまでは推定無罪である…」と定めた。この見解は 1993 年のフランス民法典9 条の 1 において継承され、「各人は推定無罪の権利を有する」ことが初めて記載された。しかし正当な評価のためのこの基本原則は、しばしば踏みにじられてきた。新しいソーシャルメディア上ではさらにひどい。特にスキャンダラスで、宗教関係者、政治家、有名人、あるいはそれほど知られていない人々を問題にするニュースを激しく批判する。渦中の人は、裁判で真実の追求がなされる以前に、証拠がないまま、大衆からの制裁によって有罪となり、悲惨な結果を伴う。ノンストップのニュースチャンネルは放送時間を埋めねばならないし、ジャーナリストは情報を伝えるよりも、法律を遵守しつつ遠回しに伝えるのに便利な条件法を使って自分の意見を言う。たとえば「この俳優は妻を殴ったらしい！」。スキャンダルは視聴者を惹きつける。集団的感情の流れが全てを飲み込む。「強姦者と推定される」という表現は、人々の記憶には最初の単語しか残らず、かなりあとになって無実が証明されても、どうしようもない。裁判の時間はメディアの時間よりずっと長いからだ。訴訟の終盤、弁護側に発言が許される。でも聴く人はいるのだろうか。

S'entrainer

1 Choisissez la réponse qui convient.

(a) Ce texte s'oppose à la présomption d'innocence.

(b) Ce texte défend la présomption d'innocence.

(c) Ce texte critique la présomption d'innocence.

2 Retrouvez le mot du texte d'après sa définition.

1. Public touché par un média : ....

2. Instance en justice où le jugement est rendu : ....

3. Écrit formant un tout, mais faisant partie d'une publication :

   ....

4. Ensemble des formes verbales : ....

5. Représentation en justice des intérêts des parties :

   ....

6. Punition des crimes voulue par le peuple : ....

3 Reliez comme il convient.

1. un principe fondamental	•	• (a) le Code civil
2. une personnalité religieuse	•	• (b) Twitter, par exemple
3. un document rassemblant toutes les lois.	•	• (c) la liberté de conscience
4. un réseau social	•	• (d) BFM TV
5. une chaine d'info en continu	•	• (e) un évêque
6. une émotion collective	•	• (f) la peine après des attentats
7. un temps de la conjugaison	•	• (g) le futur simple de l'indicatif
8. le travail des avocats	•	• (h) la défense

135

Comprendre Vrai ou faux ? 🎧65

1. Les 13 régions françaises ont des châteaux sur leur territoire. ( )
2. La grande majorité des châteaux, en France, sont privés. ( )
3. Tous les châteaux, en France, datent du Moyen Âge. ( )
4. Le château du parc Disney à Paris est rose, pour plaire aux enfants.

( )
5. Le château du parc Disney à Paris est centenaire. ( )

🎧66

Si vous aimez les belles pierres et l'histoire, les 13 régions françaises métropolitaines sont prêtes à vous accueillir pour vous présenter leurs nombreux châteaux. La France en compte près de 11 000, qui sont classés monuments historiques. 85 % appartiennent à des particuliers. Dominant des vallées, suspendus en haut de falaises, cachés dans des forêts centenaires, construits près de rivières pittoresques, entourés de jardins bien entretenus, ils sont souvent situés dans des cadres magnifiques. Certains sont encore habités par leurs propriétaires, d'autres sont devenus de belles résidences hôtelières. Beaucoup accueillent en leurs murs des visiteurs désireux de découvrir la vie des rois et seigneurs d'antan. Quelques-uns, malheureusement, sont à l'abandon ou en ruine, faute d'entretien. De style médiéval, gothique, renaissance ou baroque, tous témoignent de la richesse architecturale de notre passé. Mais le château le plus visité n'est pas comme les autres. Ses bâtisseurs se sont inspirés du château de Neuschwanstein, en Bavière, pour en dessiner les plans. Il est volontairement de couleur rose, pour bien se détacher sur le ciel, souvent gris, de la région parisienne. Détail qui compte, il est orienté plein sud, pour qu'il ne soit jamais à contre-jour sur les photos de ses innombrables admirateurs. Il n'est pas si ancien que cela, puisqu'il est sorti de terre en 1991. Son nom ? Le château de la Belle au bois dormant du parc Disneyland, désormais première destination touristique dans l'Hexagone ! Faut-il s'en réjouir ?

Décrypter

- □ **centenaire** 形 100 年以上たった
- □ **métropolitain(e)** 形 本国の、主要都市の
  - □ **métropole** 女 大都市、首都、（植民地、海外領土に対して）本国、内地
- □ **particulier / particulière** 名 個人 形 個人の、個々の、独特の、特別な
  - □ **particulièrement** 副 特に
- □ **dominer** 他動 …を見下ろす、支配する
- □ **vallée** 女 渓谷、流域
- □ **suspendu(e)** 形 空中の、ぶら下げられた
- □ **en haut de ...** …の上部に
- □ **entretenu(e)** 形 良い状態に維持された
  - □ **entretenir** 他動 維持する、保つ □ **entretien** 男 手入れ、維持、会議
- □ **cadre** 男 環境、額縁、幹部
- □ **pittoresque** 形 絵になる、趣のある
- □ **hôtelier / hôtelière** 形 ホテルの 名 小テル経営者
- □ **d'antan** いにしえの、昔の
- □ **à l'abandon** 放置されて
- □ **ruine** 女 崩壊、廃墟
- □ **faute de** + 無冠詞名詞 …がないので
- □ **médiéval(e)** 形 中世の

□ **bâtisseur / bâtisseuse** 名 建築家

□ **Bavière** 固有 女 バイエルン：ドイツ南東部地方

□ **se détacher** 代動 sur... …にくっきり浮き出す、目立つ

□ **innombrable** 形 数えきれない、無数の

□ **admirateur / admiratrice** 名 ファン
    □ **admirer** 他動 感嘆する   □ **admirable** 形 素晴らしい
    □ **admirablement** 副 見事に   □ **admiratif / admirative** 形 感心した

□ **l'Hexagone** 男 フランス   □ **hexagone** 男 六角形

> □ **triangle** 男 三角形   □ **carré** 男 正方形   □ **rectangle** 男 長方形
> □ **losange** 男 菱形   □ **pentagone** 男 五角形   □ **octogone** 男 八角形

□ **se réjouir** 代動 喜ぶ、うれしく思う

ほかとは違う城！

　美しい石の建造物と歴史がお好きであれば、フランス国内の 13 の地域で、たくさんの城が皆さんをお迎えする。フランスには、歴史的建造物に指定されている城が約 1,100 ある。このうち 85 % は個人所有だ。渓谷を見下ろす城、断崖の上にある城、100 年以上森に隠れていた城、趣のある川辺に建てられている城、手入れの行き届いた庭に囲まれた城──それらはおおむね素晴らしい環境の中にある。所有者が住んでいる城もあるし、美しいホテルに生まれ変わった城もある。多くの城は、いにしえの王や貴族たちの生活に関心がある訪問客を受け入れている。残念ながら、手入れされることもなく放置され、崩壊した城もある。中世様式、ゴチック様式、ルネサンス様式、バロック様式、すべてが我々の過去の建築技術の豊かさの証である。だが訪れる人が最も多い城は、ほかの城とは違う。建築家は、ドイツ南東部バイエルンにあるノイシュバンシュタイン城に着想を得てその城を設計した。パリ地方の空はたいてい灰色なので、しっかり映えるように意図的にバラ色である。大勢のファンの写真が逆光にならぬよう、城が真南を向いていることは重要なポイントである。1991 年にできたので、そんなに古い城ではない。城の名前？　ディズニーランドにある眠れる森の美女の城。この城はその後、フランスを訪れる観光客の一番の目的になった。喜ぶべきであろうか。

S'entrainer

1 Choisissez l'explication correspondant à la dernière phrase du texte !

ⓐ L'auteur est heureux du succès populaire du parc Disney.

ⓑ L'auteur déteste les parcs d'attraction.

ⓒ L'auteur invite à se poser la question du succès du tourisme récréatif face au tourisme culturel.

2 Complétez avec un mot du texte.

1. Ces maisons sont _____ : elles ont 100 ans.

2. Le TGV à _____ de Lille partira de la voie C.

3. C'est un architecte qui a fait les _____ de notre maison.

4. La Corse est au _____ de Nice.

5. Les _____ de ce bâtiment sont en béton.

6. Je dois aller chez le garagiste pour l'_____ de mon véhicule.

7. Dans la peinture _____, les jeux de lumière et d'ombre sont importants.

8. La _____ est une région allemande.

3 Choisissez le verbe qui convient : chaque verbe doit être utilisé deux fois.

a découvert	a été classé	témoigne

1. Pierre me _____ de son amitié chaque jour.

2. Michel _____ le Japon en lisant des mangas.

3. Ce pont _____ monument historique en 1955.

4. Jules _____ premier de sa classe en anglais.

5. Ce texte _____ de la vie parisienne au XVIIe siècle.

6. La police _____ qui était l'assassin de mon voisin.

B2 34 Cyberharcèlement

67

Comprendre Vrai ou faux ?

1. Amanda et Julien ne veulent plus utiliser les réseaux sociaux. ( )
2. Des photos d'Amanda ont été diffusées sans son accord. ( )
3. Julien défendait la cause des migrants, en France. ( )
4. Les lois françaises condamnent sévèrement les abus sur les réseaux sociaux. ( )
5. La moitié des gens envoient des messages d'insultes sur les réseaux sociaux. ( )

68

Amanda, 16 ans ou Julien, 21 ans, ne sont plus sur les réseaux sociaux pour une bien triste raison : ils ont choisi de quitter la vie bien trop tôt, parce qu'ils ne voyaient aucune issue au cyberharcèlement dont ils faisaient l'objet. Amanda était une brillante élève de terminale, filière scientifique, mais elle n'a pas supporté que son ex-petit ami diffuse partout des photos d'elle dans des moments intimes, pour se venger de leur rupture. Julien, étudiant, ne tolérait plus de recevoir, à toute heure du jour et de la nuit, des insultes pour son militantisme en faveur de l'accueil de migrants sur le territoire français. Il en avait perdu le sommeil et a écrit dans un dernier tweet : « On ne m'a pas frappé physiquement, mais les coups que j'ai reçus, moralement, étaient bien plus terribles ! » Il n'est pas certain que les inventeurs des nouvelles technologies de l'information aient bien anticipé les dommages que les outils qu'ils créaient allaient générer. L'arsenal juridique, souvent inadapté, ne permet pas de punir les fautifs par de lourdes peines, en cas de décès de la victime notamment. Chantage, menaces, rumeurs infondées, agressions verbales ont toujours existé, mais l'avènement des plateformes sociales a banalisé leur pratique : la moitié des personnes de moins de 50 ans disent avoir reçu ce genre de messages. L'école a un rôle à jouer : elle doit former les adolescents et les jeunes adultes, dans le cadre des cours d'éducation civique, à une utilisation raisonnée de ces outils où le meilleur de l'être humain côtoie aussi sa face la plus noire.

Décrypter

□ **cyber-**〔語構成要素〕ネット上の
□ **harcèlement** 男 執拗な攻撃、ハラスメント □ **harceler** 他動 しつこく悩ます
□ **diffuser** 他動 拡散させる □ **diffusion** 女 拡散、放送
□ **défendre la cause de ...** …の利益を守る
□ **abus** 男 悪用、乱用
□ **brillant(e)** 形 優秀な
□ **terminale** 女 リセの最終学年
□ **filière** 女 教育の専門課程、コース、段階
□ **tolérer** 他動 耐える、大目に見る □ **tolérance** 女 寛大さ、寛容
□ **à toute heure** いつでも、いかなる時も
□ **en faveur de ...** …を考慮して、…のために
□ **militantisme** 男 …を擁護するために闘う態度
    □ **militant(e)** 名 活動家 形 戦闘的な
□ **anticiper** 他動 予想する
□ **arsenal** 男 手段、武器
□ **inadapté(e)** 形 不適応の、適応できない
□ **punir** 他動 罰する
□ **fautif / fautive** 名 過ちを犯した人、責任のある人 形 罪のある、誤った

□ **décès** 男 死亡

□ **chantage** 男 恐喝　□ **faire chanter** ＋人 …を恐喝する

□ **rumeur** 女 噂

□ **infondé(e)** 形 根拠のない、理由のない

□ **agression** 女 攻撃　□ **agresser** 他動 …を攻撃する

□ **verbal(e)** 形 言葉による

□ **avènement** 男 出現　□ **advenir** 自動 起こる

□ **plateforme** 女 プラットフォーム

□ **banaliser** 他動 ありふれたものにする　□ **banal(e)** 形 平凡な

□ **dans le cadre de ...** …の一環として、…の枠内で

□ **jeune adulte** 名 若年成年者（18 歳以上の若者）

□ **éducation civique** 女 公民教育（小学校から市民意識を培うために行われる教育で、憲法、地方行政、交通規則等を学ぶ）

□ **raisonné(e)** 形 思慮深い

サイバーハラスメント

　16 歳のアマンダと 21 歳のジュリアンはきわめて悲しい理由で、もうソーシャルネットワーク上にはいない。自分たちが標的となったネット上の攻撃から、いかなる逃げ道もないと思い、あまりにも若くして人生を断つことを選んだのだ。アマンダは高校の最終学年の優秀な理系の生徒だったが、元恋人が、別れたことへの復讐に親密な時期の彼女の写真を拡散させることに耐えられなかった。学生のジュリアンはフランス領土への移民の受け入れを擁護するために闘っていたが、そんな彼の態度に対する中傷を昼夜を問わず受け取ることに耐えられなかった。眠れなくなり、「肉体が攻撃されたわけではないが、私が受けた精神的な攻撃はもっと酷いものだった」が最後のツイートだった。この新しい情報科学技術の発明者が、自分たちが創作した道具が生むであろう被害を予測していたのかどうかは確かではない。法的手段はしばしば適応できず、特に被害者が亡くなった場合でも、過ちを犯した人に重い罰を課すことができない。恐喝、脅し、言われなき噂、ことばによる攻撃は以前から存在していた。しかし、このネット上の社会的プラットフォームの出現は、そうしたことをありふれたものにした。50 歳以下の約半数の人がこうしたメッセージを受け取ったことがあると言っている。学校には担わなければならない役割がある。公民教育の授業で、人間の最良の部分とより闇の部分が紙一重であるこれらの道具の正しい使い方を、青年や若年青年層に教え込まなければならない。

S'entrainer

1 Choisissez la bonne explication (pour ce texte).

1. « Ils ont choisi de quitter la vie… »

   ⓐ Ils ont quitté tous les réseaux sociaux.

   ⓑ Ils se sont suicidés.

   ⓒ Ils ont tout quitté : famille, amis, *etc.*

2. « Ils ne voyaient aucune issue… »

   ⓐ Ils ne comprenaient pas l'origine de leur problème.

   ⓑ Ils ne trouvaient pas la cause de leur problème.

   ⓒ Ils ne trouvaient pas de solution à leur problème.

3. « …dont ils faisaient l'objet. »

   ⓐ dont ils étaient la cible par choix personnel.

   ⓑ dont ils étaient la cible par leur faute.

   ⓒ dont ils étaient la cible sans l'avoir voulu.

4. « à toute heure du jour et de la nuit »

   ⓐ de manière continuelle

   ⓑ soit le jour, soit la nuit

   ⓒ ouvert 24 h sur 24

5. « L'école a un rôle à jouer »

   ⓐ Le système éducatif doit participer.

   ⓑ Le système éducatif est responsable de la situation.

   ⓒ Les professeur(e)s connaissent bien les problèmes.

6. « une utilisation raisonnée de ces outils »

   ⓐ Il faut utiliser ces outils intelligemment.

   ⓑ Il faut avoir une raison pour utiliser ces outils.

   ⓒ Il ne faut pas utiliser ces outils en classe.

Comprendre Vrai ou faux ? 🎧69

1. L'arrivée du Beaujolais nouveau était un évènement, au Japon.   (   )
2. Le Beaujolais nouveau est vendu 24 h plus tôt au Japon qu'en France.   (   )
3. Le gout et les arômes du Beaujolais nouveau sont constants.   (   )
4. La vente en novembre du Beaujolais nouveau date du XIXe siècle.   (   )
5. Tous les amateurs français de vins aiment bien le Beaujolais nouveau.   (   )

🎧70

Qui garde encore en mémoire ces images de jeunes Japonaises prenant la pause dans un spa rempli de Beaujolais nouveau ou celle de l'arrivée de dizaines d'avions-cargos à l'aéroport de Narita, contenant des milliers de bouteilles du précieux breuvage ? Le 3e jeudi de novembre était, au Japon, il y a quelques années déjà, l'occasion de fêtes extravagantes, où l'on dégustait, décalage horaire oblige, avant même la France, ce vin primeur. Chacun faisait claquer sa langue sur son palais pour essayer de définir, avec le plus de précision possible, la palette très diversifiée de ses arômes (qui varie chaque année) : banane, fruits rouges, épices et même bonbon anglais ! Alors, pourquoi « nouveau » ? Après les vendanges, le processus de fabrication est très rapide : il ne faut que quatre ou cinq jours pour la macération des grappes. La mise en bouteilles intervient à la mi-septembre : la cuvée est non filtrée, ce qui explique la présence de pulpe. La vente a lieu, par dérogation spéciale depuis 1951, bien avant les autres vins primeurs. « Piquette » pour les uns, « bon cru » pour les autres, le Beaujolais nouveau divise les amateurs français de bons vins, mais beaucoup moins les Japonais qui en sont les 1ers consommateurs mondiaux. Même si la ferveur populaire n'est plus aussi importante qu'avant, il doit son succès ici parce qu'il est fruité et léger, ce qui convient parfaitement au gout des consommateurs locaux, qui, cette année encore, soyons-en surs, ne bouderont pas leur plaisir !

Décrypter

- **dizaine** 囡 約 10
- **avion-cargo** 男 貨物輸送機
- **précieux / précieuse** 形 高価な、貴重な
- **breuvage** 男 飲み物
- **extravagant(e)** 形 度を超した、常識外れの
- **décalage horaire** 男 時差
- **primeur** 囡 できたて、真新しさ
- **claquer sa langue** 舌を鳴らす、舌打ちする
- **palais** 男 口蓋、味覚
- **palette** 囡 色彩群、調べ
- **diversifier** 他動 …を多様化する
- **bonbon anglais** 男 ドロップ
- **processus** 男 展開過程、プロセス
- **macération** 囡 〔ワイン用語〕かもし（果汁と果皮とを接触させておくこと）
- **intervenir** 自動 生じる、介入する
- **cuvée** 囡 桶一杯分の中身、ワインの等級
    - **cuve** 囡 桶　　**cuveau** 男 小さな桶
    - **cuver** 自動 （醸造桶の中で）ワインが発酵する

□ **filtré(e)** 形 濾過された
　　□ **filtre** 男 フィルター　□ **filtrer** 他動 …を濾過する
　　□ **filtration** 女 濾過　□ **filtrant(e)** 形 濾過用の
□ **pulpe** 女 果肉
□ **dérogation** 女 規則、習慣などの違反、例外、特例
　　□ **déroger** 他動（習慣、規則などを）破る
　　□ **dérogatoire** 形 適用除外の
□ **piquette** 女 安物ワイン、ピケット（ブドウの搾りかすに水を加え発酵させた飲み物）
□ **ferveur** 女 熱意、熱心
□ **populaire** 形 人民の、庶民の
□ **fruité(e)** 形 果実の香り［味］がする
□ **bouder** 自動 …に不満を示す

何が新しいのか？

　ボジョレ・ヌーヴォーで満たしたスパの中でポーズをとる日本人の若者や、貴重な飲み物のボトルを何千本も積んだ数十機の貨物輸送機が成田に到着する光景を覚えておいでだろうか。11 月の第 3 木曜日、すでに数年前から日本は度を超したお祭り騒ぎだった。この日、時差の関係で、日本では本国フランスよりも早くこの新酒を味わえる。各人が、年ごとに異なるさまざまな彩りの芳香——バナナ、赤い果実、香辛料、ドロップまで！——をできるだけ正確に定義しようと舌鼓をうつ。ところで、何が「新しい」のだろうか。ブドウが収穫されたあとの製造工程は迅速だ。果房の醸しは 4、5 日以内。瓶詰めは 9 月半ばに行なわれる。残った果肉は、醸造桶が濾過されていないことを示す。1951 年以後、（ボジョレ・ヌーヴォーの）販売は特例的に他の初物ワインよりもずっと早く行なわれている。「安物ワイン」と言う人もいるし、「優れたワイン」と言う人もいて、ボジョレ・ヌーヴォーの評価は、フランスのワイン愛好家を二分している。しかし、世界で一番ボジョレ・ヌーヴォーを消費している日本人はそれほどではない。以前ほど人々の熱意が大きくないとはいえ、フルーティな軽やかさが消費者の味覚にマッチしている日本では、成功に違いない。今年も期待を裏切らないことは間違いない！

1 Répondez aux questions.

1. Que désigne, dans le texte, l'expression « ce précieux breuvage » (ligne 5) ?

2. Que veut dire l'expression « ce qui explique la présence de pulpe » ?
   - ⓐ Le vin n'étant pas filtré, il reste de la pulpe au fond des bouteilles.
   - ⓑ Dans les bouteilles de Beaujolais nouveau, il y a toujours de la pulpe.
   - ⓒ Il ne faut surtout pas filtrer le Beaujolais nouveau.

3. Que signifie l'expression « par dérogation spéciale » ?
   - ⓐ La vente du Beaujolais nouveau n'est pas légale.
   - ⓑ La vente du Beaujolais nouveau suit la règle commune de vente des vins.
   - ⓒ La vente du Beaujolais nouveau ne respecte pas la règle commune, mais elle est autorisée.

4. Que veut dire « la ferveur populaire n'est plus aussi importante » ?
   - ⓐ L'arrivée du Beaujolais nouveau suscite moins d'engouement désormais.
   - ⓑ L'arrivée du Beaujolais est toujours un grand succès.
   - ⓒ L'arrivée du Beaujolais n'est plus du tout un grand évènement.

2 Que signifie la dernière phrase du texte ?

- ⓐ Cette année, les Japonais ont de moins de plaisir à boire du Beaujolais nouveau, parce que ce n'est pas un bon cru.
- ⓑ Cette année, les Japonais seront contents de découvrir et de consommer le Beaujolais nouveau.
- ⓒ Cette année, les Japonais achèteront beaucoup plus de Beaujolais nouveau que les années précédentes.

Comprendre Vrai ou faux ? 🎧71

1. Le « doggy bag » n'est pas une pratique courante en France. ( )
2. Les patrons de restaurant veulent encourager cette pratique. ( )
3. Il y a des risques sanitaires à emporter chez soi les restes d'un repas.
( )
4. Les consommateurs français sont séduits par l'aspect écologique du « doggy bag ». ( )
5. En France, on demande aux enfants de finir ce qu'il y a dans leur assiette. ( )

🎧72

   Les Américains l'appellent du nom peu attrayant de « doggy bag », les Québécois l'ont francisé en « emporte-restes », mais les Français ne lui ont pas vraiment trouvé de nom, tout simplement parce que la pratique consistant à quitter un restaurant avec ce qui n'a pas été consommé sur place n'entre que très lentement dans les mœurs en France, malgré les campagnes gouvernementales contre le gaspillage alimentaire. Les raisons en sont multiples. Les patrons de restaurant n'y sont guère favorables, pointant du doigt le risque d'intoxication alimentaire, si les mets emportés sont consommés trop tard, avec des conséquences juridiques à éclaircir. Il leur faut également assumer le cout supplémentaire de l'emballage à proposer. Ils ne manquent pas de souligner que la forme la plus courante reste la barquette en plastique, source elle-même de pollution. Les consommateurs sont aussi très réticents, même si une grande majorité confirme que c'est une idée écologique intéressante. Ils disent que cela n'est pas dans la culture française, que c'est gênant et donne l'air d'être « radin ». La loi du 1er juillet 2021 prévoit la mise à disposition obligatoire de ces « doggy bags ». Une solution serait de respecter cette petite phrase : « Finis ton assiette ! » tant entendue dans le cadre familial, pendant l'enfance. Une autre est d'aller diner dans ces restaurants de nouvelle cuisine où les portions sont si petites qu'il est impossible de ne pas finir son assiette ! Le « sac à restes », dont il faudrait trouver une traduction plus gourmande, devient alors inutile !

Décrypter

- □ **sanitaire** 形 衛生の　□ **santé** 女 健康、保健衛生
- □ **assiette** 女 皿　＊個々の料理を盛る小皿
- □ **attrayant(e)** 形 魅力的な　□ **attrait** 男 魅力、楽しみ
- □ **franciser** 他動 フランス語化する
　　□ **francisation** 女 フランス（語）化
- □ **consister** 自動 à ＋不定詞 …することにある
- □ **campagne** 女 キャンペーン
- □ **gaspillage** 男 浪費、無駄遣い
- □ **risque** 男 危険　□ **risquer** 他動 …を危険にさらす
- □ **intoxication** 女 中毒
　　□ **intoxiquer** 他動 中毒させる
- □ **éclaircir** 他動 はっきりさせる、明るくする、薄める
- □ **assumer** 他動 引き受ける
- □ **supplémentaire** 形 追加の
　　□ **supplément** 男 追加　□ **supplémenter** 他動 追加料金を課す
- □ **emballage** 男 包装、容器
　　□ **emballer** 他動 包装する

□ **ne pas manquer de ...** …するのを忘れない
□ **souligner** 他動 強調する、下線を引く
□ **réticent(e)** 形 ためらいがちな
　　□ **réticence** 女 ほのめかし、ためらい
□ **écologique** 形 環境保護の
　　□ **écologie** 女 生態環境、環境保護主義
□ **radin(e)** 形 名〔話〕けちな（人）
□ **portion** 女 ひとり分

残りものの持ち帰り

　アメリカ人はあまり魅力的でない「ドギーバッグ」という名で呼ぶ。ケベックの人たちはその名を「emporte-restes（残りものの持ち帰り）」とフランス語化した。しかしフランス人はきちんと名前をつけなかった。食品ロスをなくそうとする政府のキャンペーンにもかかわらず、ただ単にフランスでは、レストランで食べなかったものを持ち帰るという習慣が進まないからである。理由はさまざまだ。レストランのオーナーは持ち帰りに好意的ではない。持ち帰った料理を食べるのが遅過ぎた場合の法的責任がどうなるのかはっきりしない食中毒の危険性を指摘している。レストラン側はまた、提供する容器にかかる費用も負担しなければならない。もっとも多く流通している容器はプラスチック製なので、容器自体が汚染の原因となることを強調することを忘れてはいない。ほとんどの人が、持ち帰りは環境保護に有益だと確信しているのに、消費者もまた、かなりためらいがちだ。「フランス文化にはないものだ」「気兼ねする」「けちな印象を与えてしまう」と彼らは言う。2021 年 7 月 1 日の法律は「ドギーバッグ」利用提供の義務化を想定している。解決策のひとつは、子供時代に家庭でよく聞いた「全部食べなさい！」という言葉を守ることにあるかもしれない。ヌーヴェル・キュイジーヌのレストランに夕食に行くのもいい。ひとり分がとても少量なので、完食せずにはいられない！「残りもの用バッグ」には、もっと食欲をそそる名前をつけないと、無駄になってしまうだろう！

S'entrainer

1 Retrouvez dans le texte les mots correspondant aux définitions suivantes.

1. Habitudes de vie, coutumes d'un peuple : .... 女複

2. Petit récipient rigide et léger, pour l'alimentation : .... 女

3. Mot familier signifiant « avare » : .... 形

4. Trouble de la santé liée à la nourriture : .... 女

5. Tout ce qui altère notre environnement, notre santé : .... 女

6. Partie de la vie : .... 女

7. Ustensile de cuisine : .... 女

2 Complétez avec un adjectif qui se trouve dans le texte.

1. Notre domicile .... se trouve en Normandie.

2. Il n'y a pas de commerce .... dans notre village.

3. Pierre est vraiment .... : il ne dépense rien.

4. Cette expression n'est pas .... : on l'emploie peu.

5. Cécile est très .... : elle adore les pâtisseries très sucrées.

6. Nous voulons déménager, mais mon père est .... Il n'est pas d'accord.

7. C'est .... de venir : je ne veux pas te voir.

3 Choisissez la bonne explication.

1. Qu'est-ce que la « nouvelle cuisine » ?

    ⓐ une pièce de la maison entièrement remise à neuf.

    ⓑ une façon nouvelle d'aborder les recettes de cuisine.

2. Qu'est-ce que le « gaspillage alimentaire » ?

    ⓐ le fait de perdre ou de jeter des aliments encore comestibles.

    ⓑ le fait de perdre ou de jeter des aliments non comestibles.

B2 37 Porte-bonheur

Comprendre Vrai ou faux ? 〔73〕

1. Chacun peut vendre du muguet tout à fait librement dans la rue le 1er mai. ( )
2. Il est possible d'acheter du muguet pour le revendre ensuite. ( )
3. Il n'est pas possible de vendre ce muguet près d'un marchand de fleurs. ( )
4. Le roi Charles IX fit distribuer du muguet à son peuple le 1er mai 1561. ( )
5. Le muguet symbolise la fin d'une dispute. ( )

〔74〕

La vente à la sauvette aux passants dans la rue, est interdite en France, sauf le 1er mai, jour où, par dérogation spéciale et en respectant quelques règles, il est permis de vendre cette jolie plante au parfum délicat, qu'est le muguet. Il faudra qu'il ait été cueilli dans les bois pour l'occasion, et qu'il soit vendu sans emballage et en petite quantité. Il est interdit de se fournir dans les marchés de gros, à Rungis par exemple, pour la revente. Le vendeur d'un jour devra se tenir à distance de tout commerce (de 40 à 150 mètres selon les villes) et spécialement de celui d'un fleuriste, ne pas s'installer avec table et chaise sur un trottoir par exemple et ne pas gêner la circulation. La tradition d'offrir cette fleur porte-bonheur à celle ou à celui qu'on aime est ancienne : le roi Charles IX en ayant reçu un brin le 1er mai 1561, perpétua le geste auprès des dames de la cour chaque année. En mai 1900, toujours le 1er, les grands couturiers parisiens eurent l'idée de faire de même auprès des « petites mains », le personnel travaillant dans leurs ateliers de confection, mais aussi auprès de leurs clientes. Christian DIOR mit à l'honneur et fit du muguet son talisman. La jolie fleur fut ensuite associée, de manière plus populaire, aux défilés de la Fête du Travail. Elle marque aujourd'hui la joie et le bonheur retrouvé, la réconciliation après une brouille, surtout si elle est parée de... 13 clochettes !

Décrypter

☐ **porte-bonheur** 男 お守り

> **porte-** …を持つ［運ぶ］もの・人
> **porte-avions** 男 航空母艦　**porte-bagages** 男 荷台、荷物棚
> **porte-bébé** 男 ベビーキャリア　**porte-bouteilles** 男 ワインラック
> **porte-cartes** 男 身分証明書入れ、名刺入れ
> **porte-chapeaux** 男 帽子掛け
> **porte-clés / porte-clefs** 男 キーホルダー
> **porte-documents** 男 書類入れ

☐ **muguet** 男 スズラン
☐ **distribuer** 他動 …を配る
　　☐ **distribution** 女 分配、配役、分布
　　☐ **distributeur / distributrice** 名 配達人
　　☐ **distributif / distributive** 形 配分する
☐ **à la sauvette** もぐりで、無許可で
☐ **cueillir** 他動 …を摘む　☐ **cueillette** 女 摘み取り、収穫期
☐ **se fournir** 代動 …で（食料、日用品を）調達、購入する
☐ **gros** 男 卸
☐ **d'un jour** つかの間の
☐ **brin** 男 細い茎
☐ **perpétuer** 他動 …を保存する
☐ **petite main** 女 見習いのお針子

□ **personnel** 男 (集合的に) 職員、従業員
□ **confection** 女 既製服製造、製作
　　□ **confectionner** 他動 …を製作する
□ **honneur** 男 敬意、名誉
□ **talisman** 男 お守り
□ **marquer** 他動 …を表す、示す、印をつける
　　□ **marque** 女 印、ブランド、スコア
　　□ **marqué(e)** 形 顕著な、特徴付けられた、マークされた
□ **réconciliation** 女 仲直り、和解
　　□ **réconcilier** 他動 仲直りさせる
　　□ **se réconcilier** 代動 仲直りする
□ **brouille** 女 不和、仲違い
□ **paré(e)** 形 **de ...** …で飾られた　　□ **parer** 他動 …を飾る
□ **clochette** 女 鐘形の花、小さな鈴
　　□ **cloche** 女 鐘、つり鐘　　□ **clocher** 男 鐘楼

幸せをもたらす花

　フランスでは、5月1日を除き、無許可で通行人に路上販売することは禁じられている。5月1日は、特例によって、いくつかの規則を遵守した上で、繊細な香りがする可憐な花、スズランを売ることが許されている。ただし、スズランはその日のために森で摘み、少量ずつ、包装なしで販売しなければならない。たとえばランジスのような公益市場で調達して転売することは禁じられている。一日限りの売り手は、販売にあたって、それぞれ距離を保ち（街によって 40 〜 150 メートル）、特に花屋からは離れていなければならない。歩道にテーブルや椅子を持ち込んで居座ることはできず、交通を妨げてもいけない。幸せをもたらすこの花を愛する人に贈る習慣は、古くからある。1561 年 5 月 1 日、この花を一輪受け取ったシャルル 9 世は、その後毎年、宮廷の女性たちにも同じ贈り物をするようになった。1900 年、同じく 5 月 1 日、著名なパリの高級婦人服デザイナーたちは、工房で働く「見習いのお針子」たち、そして女性の顧客に対しても、同じことをしようと考えた。クリスチャン・ディオールはスズランに敬意を表し、自分のお守りにした。その後、この可憐な花は、より庶民的な方法によって、メーデーの行進へとつながった。今日、スズランは、再び訪れる喜びや幸せ、諍いのあとの仲直りを表す。特に 13 個の小さな鈴がついた花は！

S'entrainer

1 Retrouvez dans le texte.

1. le contraire du mot « autorisée » : ....

2. une expression signifiant « loin de » : ....

3. une expression signifiant « pour cette circonstance »: ....

4. un synonyme de « dispute » : ....

5. le contraire du nom « détail » (terme de commerce) : ....

6. une préposition synonyme de « hormis » : ....

7. un verbe pronominal synonyme d'« acheter » : ....

2 Complétez avec un mot du texte.

1. Il faut une .... pour se marier avant l'âge légal.

2. Julie travaille dans un magasin de .... pour dames.

3. Nous avons tenté une ...., sans succès.

4. Il est difficile de trouver du .... qualifié pour ce travail.

5. La .... est difficile le matin et le soir, dans cette rue.

6. Au Japon, on peut faire du vélo sur le ...., pas en France !

7. Cette .... verte décore joliment notre salon.

3 Choisissez la bonne explication.

1. Un vendeur à la sauvette :

   ⓐ vend des objets avec des réductions de prix très importantes.

   ⓑ vend des objets sur le domaine public sans autorisation.

2. Un vendeur d'un jour :

   ⓐ est un vendeur professionnel.

   ⓑ est un vendeur occasionnel.

3. Le roi Charles IX :

   ⓐ a gouverné la France au XVIe siècle.

   ⓑ était roi de France au moment de la Révolution française.

B2 38 Dans le vent

1. La politique en faveur du nucléaire en France a fait le consensus. ( )
2. Le calcul du prix de revient de l'électricité nucléaire pose problème.

( )
3. Les énergies renouvelables ont le soutien populaire. ( )
4. L'implantation des éoliennes sur le territoire est bien acceptée. ( )
5. Les éoliennes en mer sont rentables. ( )

🎧76

Pour garantir son indépendance énergétique, la France a beaucoup investi dans le nucléaire après 1970, une politique très fermement combattue par les écologistes pour les risques encourus. Les différents gouvernements qui se sont succédé ont vanté le prix de revient bon marché de l'électricité produite dans les centrales, mais en évitant d'inclure dans son calcul le cout très onéreux de leur démantèlement le jour venu. Aujourd'hui, d'autres sources d'énergie renouvelables sont possibles, mais elles font tout autant débat, malgré un soutien certain du public. L'apparition d'éoliennes dans le paysage français n'a pas fait le consensus : personne ne veut de ces machines bruyantes et laides dans son voisinage, surtout dans les régions touristiques. Imaginez un château Renaissance ou une vallée verdoyante avec, en toile de fond, ces « moulins à vent » d'acier. Impossible ! Le côté aléatoire de la production a fini par convaincre les sceptiques de leur inutilité : le vent n'est régulier ni en force ni en direction sur le territoire.

Mais le dieu Éole n'a pas dit son dernier mot. Une solution vient désormais de la mer : des parcs flottants d'éoliennes sont créés loin des côtes, à environ 16 kilomètres, évitant ainsi toute pollution visuelle et sonore. L'assurance de vents puissants au large, tout au long de l'année, permet leur rentabilité économique. À l'horizon de 2050, entre 15 et 30 pour cent de l'énergie nécessaire à la France pourraient être produites par le vent. « Inépuisable, propre, renouvelable et sure », ce serait la source d'énergie du futur ! Peut-on vraiment le croire ?

Décrypter

- □ **politique** 囡 政策、政治
- □ **nucléaire** 男 原子力
- □ **prix de revient** 男 原価
- □ **soutien** 男 指示、支援　□ **soutenir** 他動 …を支える
- □ **implantation** 囡 設置、導入　□ **implanter** 他動 …を導入する
- □ **éolienne** 囡 風力発電機
- □ **rentable** 形 収益性がある　□ **rente** 囡 金利収入
- □ **garantir** 他動 …を保証する　□ **garantie** 囡 保証
- □ **investir** 他動 投資する　□ **investissement** 男 投資
- □ **fermement** 副 かたくなに、堅固に
- □ **combattre** 他動 戦う　＊戦う相手が示される

  > □ **lutter** 他動 （ある目的、障害に対して）戦う
  > □ **se battre** 代動 戦う　＊戦うプロセスに重点がおかれる

- □ **encourir** 他動 冒す、こうむる
- □ **se succéder** 代動 継承する
- □ **vanter** 他動 称賛する　＊最も一般的な「ほめる」

  > □ **louer** □ **glorifier** □ **célébrer** □ **exalter**　ほめる　＊改まった言い方
  > □ **féliciter** （長所を本人に）ほめる　□ **flatter** お世辞を言う

157

□ **centrale** 囡 発電所

□ **inclure** 他動 加える ⇔ □ **exclure** 他動 追い出す

□ **démantèlement** 男 解体、取り壊し　□ **démanteler** 他動 解体する

□ **laid(e)** 形 見苦しい

□ **verdoyant(e)** 形 緑がいっぱいの

□ **toile de fond** 囡 背景

□ **aléatoire** 形 不確かな

□ **sceptique** 名 懐疑的な人

□ **convaincre** 他動 ＋人＋ **de ....** …に…を納得させる、認めさせる

□ **Éole** 固有 男 アイオロス（ギリシア神話）風神

□ **visuel(le)** 形 視覚の　□ **vue** 囡 視覚　□ **vision** 囡 視覚

□ **sonore** 形 音を出す

風の中で

　エネルギーにおける独立性を確保するため、フランスは 1970 年以降、原子力に多額の投資をしてきた。危険を想定するエコロジストたちは、この政策と頑なに闘ってきた。その後交代したいくつかの政権は、原子力発電所で生産される電気原価の安さを推奨したが、解体する際の高額な費用は計算に入れていない。今日、再生可能ないくつかの他のエネルギー源が考えられるが、国民の確固たる支持にもかかわらず、どれも論争となっている。フランスの景色の中に風力発電機を設置することは、コンセンサスを得られていない。自分の家の近くや、特に観光地に、このような音がうるさくて見苦しい機械があることを望む人はいない。ルネサンス期の城や緑の渓谷の背景に鋼鉄の「風車」がある光景を想像してみてほしい。あり得ない！　地上の風は風力も向きも一定ではない —— 不安定な生産性は、結局、懐疑的な人々たちに対し、この方法が有益ではないことを認めさせた。しかし風神アイオロスは終わったわけではない。今後の解決策は、海からやって来る。見苦しさや騒音を避け、海岸から約 16 キロ離れたところに、いくつかの海上風力発電公園が建設されるのだ。沖合では一年を通して強風が保証され、経済的利益が得られる。2050 年には、フランスにおける必要なエネルギーの 15 〜 30％は風によって生産される見通しだ。「尽きることがない、環境を汚染しない、再生可能、安全」。これが未来のエネルギーの源となるだろう！　そのことを本当に信じていいのだろうか。

S'entrainer

1 Choisissez la réponse qui convient.

1. L'auteur pense que le calcul du prix de revient de l'énergie nucléaire :
   ⓐ est correct. ⓑ est peut-être faux. ⓒ est faux.

2. L'auteur pense que les éoliennes :
   ⓐ embellissent les paysages français.
   ⓑ polluent visuellement les paysages français.
   ⓒ n'apportent aucune gêne.

3. Au sujet de l'avenir de l'énergie éolienne, l'auteur est
   ⓐ conquis. ⓑ réservé. ⓒ totalement négatif.

2 Complétez avec le verbe qui convient (en le conjuguant correctement).

convaincre	créer	éviter	inclure
permettre	succéder	vanter	

1. Le prix de cette excursion n'est pas _____ dans le voyage.
2. Ce président _____ chaque jour sa politique dans tous les médias.
3. Si nous rentrons maintenant, nous _____ la pluie.
4. Ce que tu m'as dit hier m' _____ .
5. Il faut que tu _____ le bonheur autour de toi.
6. Qui _____ au président actuel aux prochaines élections ?
7. _____ - moi de vous dire que je ne suis pas d'accord.

3 Retrouvez le mot du texte d'après sa définition.

1. Dont le résultat est incertain : _____ 形
2. Qui ne pollue pas, respecte l'environnement : _____ 形
3. Sûr : _____ 形 男
4. Qui occasionne des frais importants, excessifs: _____ 形 男

159

Coiffeur de stars mais pas seulement !

Comprendre Vrai ou faux ?

1. David Kodat est coiffeur pour hommes. ( )
2. Il travaille toujours bénévolement. ( )
3. Il coupe gratuitement les cheveux des plus dévaforisés. ( )
4. 80 % des Français participent à des actions de solidarité. ( )
5. La devise de la France est : « Liberté, égalité, solidarité. » ( )

Tailler une barbe, couper ou défriser des cheveux, David Kodat sait prendre soin des cheveux de sa clientèle masculine. Il poursuit l'activité de son père, qui était lui aussi coiffeur. Des mannequins le contactent, des sportifs connus l'appellent depuis leurs villas luxueuses, des stars de la musique lui demandent de venir dans les palaces où elles séjournent. Mais, dès qu'il le peut, David va à la rencontre des plus fragiles, les SDF et toute personne mise à l'écart de la société. Il leur offre son travail gratuitement : « La prestation est la même pour moi : je travaille avec autant de soin pour eux que pour les célébrités que je coiffe. Être bien coiffé(e), c'est aussi se sentir mieux dans sa peau, reprendre confiance en soi, retrouver une part de son identité. » confiait-il à la télévision. David illustre à la perfection la solidarité. Ce mot évoque, pour les Français, le partage, l'altruisme, l'union. Ils sont huit sur dix à participer, à titre personnel, à la solidarité nationale au travers d'associations ou dans leur domaine professionnel. Les formes peuvent varier :

elles vont du don d'objet à celui d'argent, du bénévolat au travail dans des entreprises à vocation sociale. Râleurs parfois, pessimistes souvent, les Français savent pourtant se réunir lorsqu'il le faut. « Liberté, égalité, solidarité ! » Cette triade avait été proposée un temps comme devise de la France pendant la Troisième République. Elle n'a pas été retenue. C'est bien dommage !

Décrypter

- □ **bénévolement** 副 ボランティアで
  - □ **bénévole** 形 無報酬の 名 ボランティア
  - □ **bénévolat** 男 ボランティア活動、無償奉仕
- □ **défavorisé(e)** 形 名 不利な、恵まれない（人） ⟺ □ **favori / favorite**
  - □ **défavoriser** 他動 …を不利にする ⟺ □ **favoriser** 他動 …を優遇する
- □ **solidarité** 女 連帯（感）、関連、連繫
  - □ **solidaire** 形 …と連帯している □ **solidairement** 副 連帯して
  - □ **se solidariser** 代動 avec ... …と連帯する
  - □ **solide** 形 固い、丈夫な、確固たる
- □ **tailler** 他動 …を切る、刈る
- □ **barbe** 女 (あご、頬の) ひげ 〔比較〕□ **moustache** 女 口ひげ
- □ **défriser** 他動 (髪、口髭の) カール [縮れ] を伸ばす [取る]
- □ **prendre soin de ...** …の手入れをする、世話をする
- □ **poursuivre** 他動 …を追求する、続ける
  - □ **poursuite** 女 追跡 □ **poursuivant(e)** 女 追跡者
- □ **mannequin** 男 ファッションモデル、マネキン人形
- □ **star** 女 映画スター、人気俳優・歌手、著名人
- □ **palace** 男 豪華ホテル
- □ **SDF** (= sans domicile fixe) ホームレス、路上生活者
- □ **à l'écart de ...** …から離れて
- □ **prestation** 女 演技、パフォーマンス、手当、給付金
- □ **se sentir mieux dans sa peau** 元気旺盛になる、くつろいだ気分でいる
  ⟺ **se sentir mal dans sa peau** 意気消沈している、落ち着かない気分でいる

□ illustrer 〔他動〕 …を説明する、例証する

□ à la perfection 見事に、完璧に

□ partage 〔男〕 共有、分割　□ partagé(e) 〔形〕 共有させた、分割された
　　　□ partager 〔他動〕 …を共有する、…を分割する

□ altruisme 〔男〕 利他主義、愛他心 ⇔ □ égoisme 〔男〕 利己主義

□ union 〔女〕 団結、結びつき、組合、同盟

□ à titre personnel 個人の資格で

□ au travers de ... …を通して、介して

□ association 〔女〕 団体、協会　□ associatif / associative 〔形〕 団体の
　　　□ associé(e) 〔形〕 à...…と結びついた、連合した 〔名〕 協力者、会員
　　　□ associer 〔他動〕 …を組み合わせる

□ don 〔男〕 寄贈、与えること　□ donner 〔他動〕 …を与える

□ vocation 〔女〕 使命、神のお召し

□ râleur / râleuse 〔名〕 何にでも不平を言う人

□ triade 〔女〕 3つの組

スターの理髪師、でもそれだけではありません！

　髭を整え、髪を切り、縮れを伸ばす。ダヴィッド・コダは男性客の髪の手入れを知っている。彼は同じく理髪師であった父の仕事を継いだ。ファッションモデルがコンタクトをとってきたり、有名なスポーツ選手が豪華な別荘から電話をしてきたり、人気歌手が滞在中の豪華ホテルに来てくれるよう頼んできたりする。だがダヴィッドは、できる限り、ホームレスや社会から疎外されたあらゆる人など、最も弱い立場の人たちに会いに出かける。彼らを無料で散髪するのである。「私にとって、やることは同じです。彼らに対しても、セレブたちと同じように入念に散髪をします。髪が整うと、気分がよくなり、自信を取り戻し、アイデンティティの一部を再発見できるのです」と彼はテレビで語っている。ダヴィドがやっていることは、まさに連帯だ。連帯という言葉は、フランス人にとって共有、利他主義、団結を思い起こさせる。10人中8人のフランス人は、個人で、あるいは協会や職域を通じて、国の連帯に参加している。品物やお金を寄贈したり、社会的使命のある企業でボランティア活動をするなど、連帯のスタイルはさまざまだ。フランス人は、ときに不平が多く、しばしば悲観主義だが、必要なときには団結するすべを心得ている。「自由、平等、連帯！」。この3語は、第三共和政の一時期、フランスの標語として提案された。しかし残らなかった。非常に残念だ！

1 Répondez par oui ou non à l'affirmation. Justifiez votre réponse.

1. Le père de David Kodat travaille toujours comme coiffeur.

   [oui / non] _____

2. Des stars de la musique viennent dans son salon de coiffure.

   [oui / non] _____

3. Sa manière de coiffer diffère selon qu'on est star ou SDF.

   [oui / non] _____

4. « Liberté, égalité, solidarité » a été, à une époque, devise de la France.

   [oui / non] _____

5. « Liberté, égalité, solidarité » est une devise qui plait à l'auteur du texte.

   [oui / non] _____

2 Retrouvez les éléments suivants dans le texte.

1. Un verbe synonyme de « continuer »   : _____

2. Un verbe et son complément signifiant « montre très bien »

                                                   : _____

3. Une expression signifant « être heureux/heureuse dans cette situation »   : _____

4. Un nom féminin synonyme de « mission »   : _____

5. Un nom composé d'un préfixe signifiant 3   : _____

6. Une expression signifiant « exclue »   : _____

7. Une expression signifant « pendant une certaine période »

                                                   : _____

Comprendre Vrai ou faux ? 🎧79

1. Le français est toujours étudié pour des raisons professionnelles. ( )
2. Apprendre le français est aussi facile pour un Portugais qu'un Japonais. ( )
3. La grammaire du français et celle du japonais sont très différentes. ( )
4. Trouver des Francophones au Japon pour parler avec eux n'est pas facile. ( )
5. Voyager dans un pays francophone permet de vérifier ses progrès en français. ( )

🎧80

Lorsque quelqu'un décide d'apprendre le français, il le fait soit par nécessité personnelle, soit par plaisir, par obligation professionnelle ou dans le cadre d'études. A priori, aucune langue n'est plus difficile qu'une autre et toute personne a la capacité linguistique d'accomplir cet apprentissage. Mais le parcours n'est pas identique pour tout le monde et peut être rempli d'obstacles plus difficiles à franchir selon sa culture d'origine et sa langue maternelle. Ainsi, les linguistes ont coutume de dire que les cinq langues romanes, le français, l'italien, l'espagnol, le roumain, le portugais ont une phonétique, une morphologie, une syntaxe et une organisation du lexique assez proches. Un(e) apprenant(e) roumain(e) ou espagnol(e) n'aura donc, a priori, guère de difficultés pour appréhender le français. Mais qu'en est-il pour un(e) étudiant(e) japonais(e) ? Inutile d'insister (vous les connaissez bien) sur les différentes catégories grammaticales inexistantes en japonais, les articles ou les pronoms relatifs par exemple, les différences phonétiques, le nombreux vocabulaire à mémoriser et le fait de devoir écrire avec l'alphabet romain. De plus, la communauté francophone au Japon est réduite, moins de 10 000 personnes, ce qui implique que les possibilités de contact en français sont peu nombreuses. Difficile donc, hormis lors d'un voyage, de trouver l'occasion de mettre en pratique ses acquis, de vérifier ses capacités à échanger dans la langue de Molière. Le chemin vers une conversation courante en français est long, semé d'embuches, mais comme le dit un proverbe japonais « Sept fois à terre, huit fois debout ! ».

Décrypter

☐ **francophone** 形 フランス語を話す 名 フランス語を話す人
　　☐ **francophonie** 女 フランス語圏
☐ **soit** 接 ..., soit ... …か、あるいは…か
☐ **a priori**〔ラテン語〕一見したところ、先験的に
☐ **apprentissage** 男 研修、実習　☐ **apprenti(e)** 名 見習い
☐ **parcours** 男（ある地点から他の地点までの）道のり、行程〔類〕☐ **trajet** 男

　　☐ **itinéraire** 男　☐ **chemin** 男　☐ **route** 女（一般的な）道のり

☐ **identique** 形 同一の
　　☐ **identité** 女 同一、同一物（人）、であること、一致、アイデンティティ
☐ **obstacle** 男〔ɔpstakl〕障害、困難
☐ **franchir** 他動 乗り越える　☐ **franchissement** 男 越えること
☐ **linguiste** 名 言語学者
☐ **avoir coutume de ...** …するのが習慣である
☐ **roman(e)** 形 ロマンス語の
　　langues *romanes* 初期フランス語、またはラテン語から派生した現代諸語

□ **phonétique** 女 音声全体、音声学
□ **morphologie** 女 形態論、形態学、外形
□ **syntaxe** 女 構文論、統辞論（文を構成する要素間の結合の規則）
□ **lexique** 男 語彙、用語集
□ **appréhender** 他動 理解する、心配する
□ **inexistant(e)** 形 存在しない、非現実的な
□ **pronom** 男 代名詞　*pronom relatif* 関係代名詞
□ **relatif / relative** 形 〜に関する、相対的な
□ **communauté** 女 共同体、地域
□ **mettre ... en pratique** …を実践に移す
□ **acquis** 男 知識、経験　□ **acquérir** 他動 取得する
□ **semé(e)** 形 **de** + **無冠詞名詞** …でいっぱいの
□ **embuches** 女〔複数〕罠、落とし穴

フランス語を学ぶ

　フランス語を学ぶきっかけは、個人的な必要性、趣味、職業上の義務、または学校教育においてである。一見したところ、いかなる言語も他の言語より難しいということはなく、全ての人がこの学習をやり遂げる言語的能力をもっている。しかし、その道のりは全ての人にとって同じではない。その人の文化や母国語によって、乗り越えなければならないより困難な障害が多い場合もあるだろう。たとえば、5つのロマンス語、フランス語、イタリア語、スペイン語、ルーマニア語、ポルトガル語はかなり近い音声体系、形態、構文、語彙構造をもっていると常々言語学者たちは言っている。したがってルーマニア語あるいはスペイン語話者の学習者は、もともとフランス語を恐れるような難しさはほとんど感じないだろう。だが、日本人学習者にとってはどうだろう。言うまでもなく、日本語にはない冠詞、関係代名詞といった文法カテゴリー、音声の違い、暗記しなければならないたくさんの語彙、ローマ式のアルファベットで書かなければならないことなどについてはよくご存じだろう。さらに日本におけるフランス語コミュニティは減少しており、1万人以下である。つまりフランス語で人と接触する可能性はかなり少ない。旅行以外で、学んだことを実践したり、モリエールの言語で交流する自分の能力を確認する機会を見つけたりするのは難しい。フランス語での流暢な会話への道のりは長く、たくさんの落とし穴がある。でも日本のことわざが言っている「七転び八起き！」。

1 Indiquez le numéro de l'objectif d'apprentissage du français devant chaque situation.

1. nécessité personnelle ( ) ( )   2. par plaisir ( ) ( )
3. professionnel ( ) ( )   4. pour ses études ( ) ( )

    ⓐ préparer une maitrise de littérature française
    ⓑ déménager dans la province du Québec
    ⓒ se marier avec un(e) Francophone
    ⓓ passer en 2ᵉ année de la section française à la fac
    ⓔ comprendre les dialogues de films français
    ⓕ être sommelier dans un hôtel de luxe, à Paris
    ⓖ occuper un poste dans une société française
    ⓗ chanter en français au karaoke

2 Trouvez, dans le texte.

1. une phrase qui s'adresse directement au lecteur :

2. une expression qui désigne la langue française :

3. une phrase qui veut dire « Malgré les difficultés, il faut persévérer. » :

4. une expression signifiant « au premier abord » :

5. un système d'écriture :

6. Une expression désignant la 1ᵉʳᵉ langue apprise par l'enfant :

Comprendre, S'entainer の解答と訳

B1-01

Comprendre (p.8)

1. vrai 多くの都会人が田舎で暮らすために田舎に引っ越す。2. vrai そのような都会人は、普通の生活のリズムを田舎に求めている。3. vrai テレビで放送されるルポルタージュ番組のイメージは田舎の生活の現実を見せてはくれない。4. faux 都会人が田舎の生活に移行するときはいつもうまくいく。5. faux 田舎で暮らすことは良いことばかりである。

S'entrainer (p.11)

1 1. inconvénients 2. ville 3. rural 4. accepter 5. cauchemar
2 1. ⓔ反芻動物、雄牛に対する雌 2. ⓑ カエル、ヒキガエルの鳴き声 *cf.* croassement カラス (corbeau) の鳴き声 3. ⓓ ジャーナリストにより作製されたテレビ番組 4. ⓒ 新しい住宅に入居する 5. ⓐ土地を耕したり動物を飼育する人
3 1. citadin ポールは本物の都会人です。都会にしか住めません。2. service ここには学校や駅などの公共サービスは何もありません。3. cauchemar 昨夜、よく眠れなかった。悪夢を見たんだ。4. paysage このプロヴァンスの風景はヴァン・ゴッホによって描かれた。5. odeur この部屋臭いよ、窓を開けよう。

B1-02

Comprendre (p.12)

1. vrai 観光客はルイ14世のヴェルサイユ生活を思いめぐらすことが好きである。2. vrai ルイ14世の毎日はとても規則正しいものであった。3. faux 城の中の絵はルイ14世の生活をよく表している。4. faux 城での生活はそれぞれの住民にとって快適なものであった。5. vrai 歴史はしばしば小説化される。

S'entrainer (p.15)

1 1. (le) manque 2. ornent 3. élégant 4. imagine 5. rude
2 1. avec précision 2. La vie à Versailles était rude l'hiver 3. Mais la réalité était tout autre. 4. Le manque d'hygiène était partout.
3 1. bougie 昔、ろうそくで明かりをとっていた。2. santé 健康には十分に気をつけなければならない。3. pièces 私たちのアパルトマンは2Kです。4. habitants ベルサイユの住民はヴェルサイエと呼ばれる。5. réception / fête 私たちはベルギーの友人たちを迎えるための歓迎会を企画しています。

B1-03

Comprendre (p.16)

通りや地下鉄でマスクをつけることは：1. vrai 2020年以前はパリの人たちに理解されにくかった。2. vrai 病気の根源としてのフランスのイメージを表していた。3. vrai 今後フランス人にも受け入れられるだろう。4. faux 今後フランスでは一般的になるだろうと筆者は断言している。

S'entrainer (p.19)

1 1. contre 2. rarissime 3. (la) curiosité 4. public 5. dangereux
2 1. a changé leur regard 2. était plein de… 3. mal perçu
3 1. port バイクに乗る際にはヘルメットの着用が義務である。2. leçon ピエールは私に勇気のいい例を示してくれた。3. pollution 今、デリーでは公害が頂点である。※ pandémie は伝染病などが全域に及んでいるという状態を意味する語なので、pic とは一緒に使うことはできない。4. virus インフルエンザのウィルスに注意して！ 5. raison どういうわけで昨日欠席したの？

B1-04
Comprendre (p.20)

1. vrai スマートフォンの使用はストレスになる。2. faux スマートフォンのおかげで、眠る時間が少なくなった！3. faux スマートフォンは直接的なコミュニケーションに役立っている。4. faux フィル・マルソはスマートフォンについてのシャンソンを書いている。5. faux スマートフォンなしで過ごす日は、毎月6日である。

S'entrainer (p.23)

1 1. sommeil 眠っている状態 2. refrain 歌詞の中で繰り返されるフレーズ 3. écrivain 文芸作品を書く人 4. chanson 歌われるために音楽のついたテクスト 5. journée 24 時間 6. stress 精神的・肉体的な緊張

2 1. consulte 辞書を調べなければならない。2. impérativement 明日どうしてもパリに行かねばならない。3. alcool トムは全くアルコールを飲まない。4. constamment ジュリはいつも遅れる。本当にイライラするよ。5. idée バカンスにコルシカ島、なんていいアイディアなんだ。

3 1. sans 暗い夜だ。月が出ていない。2. sans 私は迷うことなくこのシルクのネクタイを選んだ。3. avec あなたを我が家にお迎えできるのは光栄です。4. sans いつもコーヒーはブラックです。5. avec ジャンはいつも学者ぶったしゃべり方をする。6. sans ジュリは本当に冷酷だ。7. avec メロン2つ、サラダ菜、それに？

B1-05
Comprendre (p.24)

1. vrai 移動図書館は月ごとに村にやってくる。2. faux 移動図書館のサービスは有料である。3. vrai 移動図書館は書籍、CD などを貸してくれる。4. vrai 村には公共の図書館がない。＊ village（村）の概念は、日本とフランスとで大きく異なる。village は、5000 人を決して超えることがなく、むしろしばしばそれよりもはるかに少ない住民しかいない田舎の集合体。この問題の答は vrai。普通の交通状況では村は数分で横切ることができる（最も近い図書館は車で1時間以上かかるところにある）。5 faux インターネットでそれらの本を読むことができる。

S'entrainer (p.27)

1 1. emprunter ペン、貸してくれない？ 2. donné 先生からいい点もらったよ。3. financer 誰が新しいプールの資金を出すんだい？4. offert 父がこのパリへの旅行代金を出してくれました。5. garder これらの古い写真とっておくの？

2 1. 語り手が自分の村について話していることがわかる言葉は何ですか？ notre village 2. 村人たちにとって、それが本による文化に接する唯一の手段であることを示しているのは

どの文ですか？ C'est la seule solution de lecture pour beaucoup de personnes …
3. 本文の中で受動態になっているのはどの文ですか？ Il est financé par le département ou la région …

3 1. 答ⓑ：ⓐ私たちの村には、新しい村役場があります。ⓑ この中編小説はとても読みやすい。2. 答ⓑ：ⓐナディアはパリにひとりで生活しています。家族と別れたのです。ⓑナディアはクラスでたったひとりの女の子です。3. 答ⓑ：ⓐティメオは週に1回ヨガをしています。ⓑティメオの家は駅の近くです。便利です。4. 答ⓑ：ⓐ年長者は敬わねばならない。ⓑこの建物は昔ガレージでした。5. 答ⓐ：ⓐこの公園は公共です。誰もがそこに行くことができます。ⓑ観客はコンサートの後、長い間拍手を送っていた。

B1-06
Comprendre (p.28)

1. vrai ヒロミは、出発前、フランスに憧れていた。2. vrai 彼女は日本でフランス語を勉強した。3. faux 彼女はパリのパティスリーで働いている。4. faux 彼女は外出しなくなったので調子が悪い。5. vrai パリ症候群は精神的な病気である。

S'entrainer (p.31)

1 1.humour 父はユーモアのセンスたっぷりだ。家族中を笑わせている。2. mélancolique 秋の雨は私をもの悲しくさせる。3. reportage / film 工場で働く子どもたちのこの報道番組は感動的だった。＊ここでは sur les enfants と定冠詞が使われており、工場で働く子どもたち全般のことなので reportage の方がより適切。film はシナリオがあるものなので、sur des enfants と不定冠詞を用い、何人かの子どもたちを話題にすることになる。4. réalité 夢見るのはやめて、現実に戻らねばならない。5. pâtisserie このお菓子屋さんでは、パリで一番美味しいエクレアを売っている。

2 1. 答ⓑ：どのような目的でヒロミはフランス語を話すことを学びましたか？ⓐずっとこの言語が好きだったから。ⓑフランス人とフランス語で話せるようになりたかったから。2. 答ⓑ：ヒロミはどのような理由で日本のお菓子屋さんで働いたのですか？ⓐお菓子を作るのが好きだから。ⓑフランスでの滞在費を稼ぐため。3. 答ⓐ：フランスに出発する前は彼女はどのような気持ちでしたか？ⓐ彼女はとても満足していた。ⓑ彼女はストレスを抱えていた。4. 答ⓐ：彼女はどのような理由から日本に帰りたいと思っていますか？ⓐ彼女が思い描いていたフランスが見つけられなかったから。ⓑ日本が恋しくなったから。

B1-07
Comprendre (p.32)

1. vrai いつもパリの通りには車があふれている。2. faux パリの地下鉄はいつも人が多い。3. vrai 夏、パリの人たちは海へ行く。4. vrai 冬、パリの人たちは山へ行く。5. vrai フランスは四季を通じて観光の国である。

S'entrainer (p.35)

1 1. bondé この電車は混んでいて、座る場所が見つからない。2. queue ピエールは何かを買うのに並ぶのが大嫌いだ。3. destination モロッコはフランス人に好まれるバカンス先だ。4. encombrées 高速道路はバカンスの出発時には混雑する。5. foule ルーヴル美術館で物見高い人々がモナリザを見るために待っている。

2 1. 答ⓑ：ⓐ明日、私たちは競馬を見に行く予定です。ⓑ土曜日には両親は買い物に行く

ことにしています。2. 答ⓐ：あの映画館の前の列はとても長い。ⓑミレイユはかわいいポニーテールをしている。3. 答ⓑ：ⓐ海の汚染防止は我々の未来のために重要である。ⓑリモージュは磁器製品の中心地である。4. 答ⓑ：ⓐ TGV の 8 号車で移動する予定です。ⓑ車でスペインへ行く予定です。5. 答ⓐ：ⓐレオは人混みがあまり好きではない。ⓑトマは世界一周を夢見ている。

3 1. tout 南部は 1 年を通して天気がよい。2. toute ここは一年中多くの観光客がいる。3. toutes どの季節にこの町を訪れてもとても快適だ。4. tous 我が家は全員ゴルフが好きだ。

B1-08
Comprendre (p.36)

1. vrai フランスの学生の 50% 以上が 1 年生で落第する。2. faux：この落第は学習レベルが高過ぎることによるものである。3. vrai 学習テーマの選択を誤ったことによって挫折する者もいる。4. vrai 日々の真面目さが足りない学生もいる。5. faux 全ての学生が 1 年生で留年することを選ぶ。

S'entrainer (p.39)

1 1. en ジュリは英語科の 3 年生です。2. à やらなければならない仕事がたくさん残っている。3. en 授業に行くの、家にいるの？4. à トマは大学の図書館に行きます。5. en 私はこのレポートを 2 日で終えなければならない。
2 1. tentation この夏旅行に行きたい。2. erreur 英語を勉強しようとして失敗しました。3. quantité 私の家には大量の本があります。4. raison 私は彼の出発の理由がわかりません。5. matière この科目は嫌いです。難しすぎます。
3 1. active 2. estudiantine 3. tardif 4. difficultés 5. seul(e)

B1-09
Comprendre (p.40)

1. vrai 金曜日に魚を食べるのはフランスの宗教的伝統だ。2. vrai キリストは金曜日に十字架の上で亡くなった。3. vrai 魚は 1 世紀ローマ人に対するキリストを意味していた。4. faux 語り手は子どもの頃魚が好きではなかった。5. faux 語り手は小学生の頃学校で昼食をとっていた。

S'entrainer (p.43)

1 1. citronné 2. croyants 3. désodorisait 4. persécution 5. assainir
2 1. 答ⓑ：ⓐあの人には愛人がいる。彼の奥さんはもちろんそれを知らない。ⓑ 6 歳になる息子の先生はとても感じの良い人だ。2. 答ⓑ：ⓐあの男の子は本当にやせている。ⓑ鱈は脂身のない魚だ。3. 答ⓑ：ⓐマルクは汚染についての論文を書き終えた。ⓑ皆がノートルダム寺院の火災のことを忘れてはいない。4. 答ⓐ：ⓐ読書は単語を学ぶ良い方法である。ⓑミッシェルは英語の成績がごく普通である。5. 答ⓑ：ⓐアヤトは恥ずかしくて、顔を隠した。ⓑ警察官は時に危険に立ち向かうことになる。

3 1. comme tous les élèves ruraux ← 話し手が田舎で生活していたこと 2. ... je rentrais à midi. Au retour en classe, à 14 heures ... ←田舎では 12 時から 14 時の間は授業がないこと 3. Je trouvais cela particulièrement humiliant. ←金曜日の午後、話し手が教室で感じた感情

B1-**10**

Comprendre (p.44)

1. faux フランスでは原語版の映画が多い。2. vrai フランス人はフランス語の吹き替え版を好む。3. faux 字幕はオリジナル版の台詞の書き写しである。4. vrai 映画の吹き替えはいつも完璧だとは限らない。5. faux 映画『裸の島』の台詞はとても興味深い。

S'entrainer (p.47)

1 1. écran 映像を映し出す面 2. erreur 間違いをした人の状態 3. apprécier 何かによい評価をする 4. lèvre 口を縁取っている部分 5. traduction テクストを他の言語にすること

2 1. ○ : tourner 2. × 3. ○ : piloter 4. ○ : garer 5. ○ : laver 6. × 7. × 8. ○ : cirer

3 1. correspond (à) この映画は小説と一致していない。2. conseille (de) 先生はフランス映画を観ることを勧める。3. voudrais 私はタイタニックの映画をまた観たい。4. traduit (en) ルシはこのテクストを英語に翻訳する。5. font partie (de) バルザックの小説はフランス文学である。

B1-**11**

Comprendre (p.48)

1. vrai ミシュランガイドは最初無料であった。2. faux 1900 年、ミシュランガイドは車を購入するともらえた。3. vrai 世界中で３つ星レストランは約 100 ある。4. faux 星がついたすべてのシェフは、ガイドブックに掲載され満足している。5. faux ミシュランガイドの視察官がレストランを訪れるとシェフに会う。

S'entrainer (p.51)

1 1. (un /une) gastronome 美味しい料理が好きな人 2. (la) clientèle レストランに行く人の総称 3. (le) poisson 水の中にいる動物 4. figurer 現れる、ある 5. (une) soupe 普通野菜で作られるポタージュ

2 1. 答ⓑ : ⓐ税金課に行かねばならない。ⓑこのカフェのサービスは本当に遅い。2. 答ⓐ : ⓐ僕の地下ワイン貯蔵庫には特産ワインが何本かあるんだ。ⓑ日本人は刺身(生魚)を食べる。3. 答ⓑ : ⓐみなさま、ガイドの後にお続きください。ⓑ私たちはモロッコへの旅行のためにガイドブックを買いました。4. 答ⓐ : ⓐモロッコでは、三ツ星ホテルに滞在しました。ⓑ自分の運勢を信じているの。いつも運がいいから。5. 答ⓑ : ⓐ事務所で私の上司は決して感じが良くない。ⓑポール・ボキューズは偉大なシェフだった。

3 1. nouveau 1900 年、車を持つことは斬新だった。2. rouge ミシュランガイドは「赤い小冊子 」と呼ばれている。3. manger 食通とは美味しい料理を食べるのが好きな人のことである。4. un plat ブルゴーニュ風牛肉の煮込みは美味しい料理である。

B1-**12**

Comprendre (p.52)

1. vrai クリッパートン島に住民はいない。2. vrai この島は歴史の中で名前が変わった。3. faux 毎年何人かの船員がフランス国旗をはためかせるためにそこに行く。4. faux この島は 200 年前からフランスの島である。5. faux この島には郵便局がある。

S'entrainer (p.55)

1 1. le point zéro de calcul des distances en France ←ノートルダム大聖堂の前の地面の表示板は何を示していますか。2. autrefois appelé ile de la passion et aujourd'hui nommé ile de Clipperton ←テクストのどの文章が島の名前の変化を説明していますか。3. On y trouve le seul lagon d'eau douce au monde. ←この島の特徴は何ですか。4. de maintenir la nationalité française de l'ile ←この島でフランス国旗をあげるのは何のためですか。5. (revendiqué par) le Mexique ←どの国がこのフランスの地に対して権利があると思っていたのですか。

2 1.perdu ← isolé の類義語 2. (un) ilot ←とても小さい島を意味する単語 3. revendiquer ←権利を主張する意味の単語 4. marins, maritime ← mer の派生語を2つ 5. poissonnière ←魚類が豊富なことを意味する表現 6. minière ← mine の派生語

3 1. mûre 2. privé 3. hindoue 4. Baltique

B1-**13**

Comprendre (p.56)

1. vrai ノートルダム大聖堂は人々の心の中でパリを代表するものである。2. faux 大聖堂は2019 年末に火災になった。3. vrai この惨事に多くの人が涙した。4. faux 信者だけが心を痛ませた。5. vrai 作家ヴィクトル・ユゴーはノートルダムが大好きであった。

S'entrainer (p.59)

1 1. (un) incendie, (un) brasier 「火事」の類義語を 2 つ 2. (un) monument, (un) édifice「建物」の類義語を2つ 3. (une) catastrophe, (un) drame「出来事」の類義語を 2つ 4. uniquement「ただ…だけ」と同義の副詞 5. fondre en larmes「泣く」と同義の表現 6. résiste, puisse 接続法現在に活用された2つの動詞 7. se précipiter「とてもはやく来る」の意の動詞

2 1. 答ⓑ：火災は劇的な事件であった ⓐ 世界中のカトリック教徒にとってのみ ⓑノートルダム大聖堂はパリのシンボルなのでほとんどすべての人にとって 2. 答ⓐ：火災の際、ⓐフランス人は大聖堂が崩れ落ちるものと考えていた。ⓑフランス人は大聖堂が持ちこたえると信じていた。3. 答ⓑ：語り手は ⓐ当時自撮りが行われたことに賛成している ⓑ当時自撮りが行なわれたことに反対している

3 1. une inondation 洪水、他は火に関するもの 2. un film 映画、他は写真に関するもの 3. une place 広場、他は建物 4. le bouddhisme 仏教、他は一神教

B1-**14**

Comprendre (p.60)

1. faux フランスでは旅行者はほとんどトラブルに合わない。2. faux フランスではレストランは常に自家製の物を提供する。3. faux チップを支払わせることはフランスでは普通である。4. vrai ユーロに慣れていない旅行者もいる。5. faux フランスの全ての商売人は不誠実である。

S'entrainer (p.63)

1 1. Où qu'il aille 世界中あちこちで 2. fait maison その場で調理され、準備されたもの 3. peu familiers 慣れていない 4. ce qui est illégal 法律に反する 5. Tous les Parisiens vous le diront パリの人からのアドバイス

2 1. 答ⓑ：ⓐレストランの受付係 ⓑ優しく、にこやかな人 2. 答ⓐ：ⓐ初めてその場所に

来て、もう来ないだろう人 ⓑ電車や飛行機に乗る人　3. 答ⓑ：ⓐいつも同じ飲み物を頼む人 ⓑ カフェなど、1つのところにとてもよく来る人　4. 答ⓑ：ⓐ買い物をする女性 ⓑ 1つの店 の客全体　5. 答ⓐ：ⓐ商店を経営している人 ⓑ病院で1つの科を運営する教授

B1-**15**

Comprendre (p.64)

1. faux ヨーロッパで最も抗鬱剤を使用するのはフランス人である。2. faux 昔は生活がより 楽であった。3. vrai フランス人は 1850 年にくらべ今は 2 倍長生きだ。4. faux フランス人は いつも機嫌が良い。5. faux フランス人もブータン人と同じく BNB を算出している。

S'entrainer (p.67)

1 1. ⓐ 平均余命：男性は 79 歳、女性は 85 歳（2019 年度）2. ⓒ 生活水準：2017 年、ひと りあたり年間 20,820 ユーロであった。　3. ⓓ 社会保障：失業保障もその一部である。4. ⓑ 社会道徳の自由化：同性愛結婚。　5. ⓔ 宗教の衰退：日曜日にミサに行くフランス人は 4.5% である。　6. ⓕ 教育システム：小学校卒業時に 15%の生徒がちゃんと読めない。

2 1. sanctionné その生徒は勉強しない、だから先生によって罰せられた。2. a (toujours) envié ナディアはいつもジュリをうらやましく思っていた。彼女が裕福でとても美しいから。 3. a prescrit 昨日私の医師は咳止めシロップを処方してくれた。4. ajoutes (subjonctif présent) 君のレポートの中でいくつか説明を追加する必要があるでしょう。明確ではないの で。5. introduit チョコレートは 1519 年にヨーロッパにもたらされた。6. a doublé この商 品の値段は倍になった。5 ユーロから 10 ユーロになった。7. expliquer この文を日本語で説 明してくれないかい？ 8. évoluer この経済恐慌で日ごとに状況が変化していく。

B1-**16**

Comprendre (p.68)

1. faux chanson という言葉はフランスと日本において同じ意味である。2. faux chanson という言葉はフランスではある特有の音楽ジャンルを指す。3. vrai フランスでは chanson はリフレインのある歌詞に曲がつけられたものである。4. vrai encore という言葉はフラン ス語と日本語で異なる意味をもつ。5. vrai コンサートの後、フランスでは bis や une autre と叫ぶ。

S'entrainer (p.71)

1 1. harmonie 耳に心地よい音の組み合わせ　2. tube 成功した歌や CD　3. quiproquo 誤解　4. mélodie 耳に心地の良い音楽的な音の連続　5. feuille 呼吸することができる植物 の部位　6. refrain 歌のそれぞれの節の終わりに繰り返される歌詞

2 1. voix このオペラ歌手は低音です。2. écoute 両親は子供の話すことに耳を傾けなけれ ばならない。3. mélodie この歌のメロディーが頭の中でかかっている。4. confus 君の発 言は不明瞭だ。誰も君の言っていることが理解できない。5. succès『千と千尋の神隠し』は フランスでヒットした。6. feuilles 秋だ。木々の葉はきれいに紅葉している。

3 1. voix このオペラ歌手はとてもきれいな声をしている。2. où 私が結婚した日に、皆で この歌を歌った。3. maux 音楽の音が大きい。頭が痛くなる。4. mis この詩節は曲が付け られたことがない。5. d'eux 申し訳ありません、彼らのことは聞いたことがありません。

B1-**17**

Comprendre (p.72)

1. vrai フランスでは、フランス語の規則が議論のテーマになっている。2. faux 言語の規則は決して変わることはない。3. faux 職業名に女性形が作られるのは新しい動きである。4. faux フランス語においては常に男性形が女性形に勝っていた。5. vrai この種の議論は今後も続いていくであろう。

S'entrainer (p.75)

1 1 Les polémistes ont encore de beaux jours devant eux ! ←規則などの言語についての議論がこれからも続くこと。2. Les latinistes le savent bien. ←フランス語の規則はラテン語に由来するものもある。

2 1. 答ⓑ : ⓐこの文の動詞 aimer の主語は je である。ⓑクラスでの発表のテーマを何にしたらよいかわからない。2. 答ⓐ : ⓐIl faut que の後は接続法を使わねばならない。ⓑマキシムはもう半年も仕事を探している。3. 答ⓐ : ⓐ道路交通法は守らねばならない。ⓑ定規を貸して、直線を引きたいんだ。4. 答ⓑ : ⓐ走ったら5分できたよ。ⓑ日本では箸で食べるのが普通である。5. 答ⓑ : ⓐこの機械は織機です。ⓑ将来どんな職に就きたい？

3 1. Oui. Le grec ancien est une langue morte. ←現代ギリシャ語は現用言語である。2. Oui. ←アカデミー・フランセーズはフランス語を明確にする責任がある。3. Non, c'est un spécialiste du latin (ou une personne étudiant le latin). ←ラテン語研究者は筆記も会話も日常的にラテン語を使用している。

B1-**18**

Comprendre (p.76)

1. faux ドゴール将軍の引用文は正しい。2. faux フランス人は実際にはほとんどチーズを消費しない。3. vrai ヨーロッパはチーズの製造に規定を設けたかった。4. vrai AOC 基準の呼称はいくつかのチーズを守っている。5. vrai フランス人にとって、北海道産のカマンベールはあり得ない。

S'entrainer (p.79)

1 1. lors d' (de) 2. amateur 3. spécificité 4. certain 5. authenticité 6. identifier

2 1. 答ⓐ : ⓐフランス人はチーズをたくさん食べますか。ⓑフランス人はひとりあたり年間どれくらいのチーズを食べますか。←はい、ひとりあたり年間24.6キロのチーズを消費します。2. 答ⓑ : ⓐフランスのチーズ製造者はなんのために闘いましたか。ⓑフランスのチーズ製造者はなぜ不満だったのですか。← なぜなら EU が基準を設けることを望んでいたから。3. 答ⓐ : ⓐフランスではどの製品が AOC を得ることができますか。ⓑフランス人はヨーロッパの中で、何を最も消費していますか。←いくつかの肉、チーズ、ワイン、フルーツ、海の幸など。4. 答ⓐ : ⓐドゴール将軍はテクストで引用された文で何が言いたかったのですか。ⓑチーズでドゴール将軍は何を比較したのですか。←フランスは多様な国であり、フランス人も様々である。

B1-**19**

Comprendre (p.80)

1. vrai フランスでは有名人の名前がつけられている学校がある。2. faux 多くのフランス人

がジュリー = ヴィクトワール・ドビエのことを覚えている。3. vrai ジュリー = ヴィクトワール・ドビエは 1824 年に生まれた。4. faux 1861 年、女性がバカロレアを受けることは法律で禁じられていた。5. faux 1861 年、男の子も女の子も学校に行かなければならなかった。

S'entrainer (p.83)

1 1. jusqu'en 2. au bas (de) 3. obligatoire 4. différentes 5. (une) majorité 6. officiellement

2 1. après un long combat pour pouvoir se présenter ←ジュリー = ヴィクトワール・ドビエにとってバカロレア試験を受けることは容易ではなかった。2. ... il ne le fera qu'après de nombreuses pressions politiques. ←当時の教育大臣はジュリー = ヴィクトワール・ドビエがバカロレア試験に合格したことを公認したくはなかった。3. Rien n'empêchait officiellement les femmes de se porter candidate. ← 1861 年、女性はバカロレアを受けることができた。4. ... mais elles n'y songeaient pas ... ←女性はバカロレアを受けるという考えに至らなかった。5. Jusqu'en 1924, les épreuves du bac resteront différentes selon le sexe. ← 1920 年代の初め、女性のためのバカロレアは異なっていた。6. Aujourd'hui, plus de la moitié des bacheliers sont en fait des bachelières ... 今日、男性よりも女性がバカロレアに合格している。

B1-**20**

Comprendre (p.84)

1. vrai シャートブリアンにとって森林を保護することは重要であった。2. faux 森林は日本の国土の約半分を覆う。3. faux フランスでは森林開発は中世の時代に遡る。4. vrai フランスの森林地帯は 1830 年と今では 2 倍になった。5. vrai 森林の消滅は環境問題を引き起こす。

S'entrainer (p.87)

1 1. (un/une) mémorialiste ←その時代のことを証言する作家 2. (un) hectare ←面積の単位 3. (un) domaine ←所有者によって所有されている土地 4. (la) sylviculture ←森林の木々の合理的な開発 5. (un) désert ←乾燥して不毛な気候の土地一帯

2 1. 答ⓐ：ⓐ彼はまだ環境保護という概念が存在していなかった頃からエコロジストだった。ⓑ彼は意識せずにエコロジストだった。2. 答ⓐ：ⓐ 考古学者たちは森林地帯の減少を書き留めている。ⓑ考古学者たちは森林地帯の増加を書き留めている。3. 答ⓐ：ⓐ ヨーロッパにあるフランス本土の 31 ％を森林が占める。ⓑ世界にあるフランス全土の 31 ％を森林が占める。4. 答ⓑ：ⓐ 状況は完全に否定的だ。ⓑ状況はあきらかによりよいものでない。5. 答ⓑ：ⓐ CO2 は気候温暖化を妨げるガスである。ⓑ CO2 は気候温暖化に関係するガスである。

B2-**21**

Comprendre (p.88)

1. vrai フランス語の単語の起源はフランスの歴史と深く結びついている。2. vrai 戦争はフランス語に新しい語彙をもたらした。3. faux フランス語のすべての単語はラテン語とギリシャ語から来ている。4. vrai 辞書に採用された単語は、社会変化を示している。5. vrai 少数の新語は外国に由来する。

S'entrainer (p.91)

1 1. (une) occupation ←力尽くである国に居座る行為 2. (une) colonie ←占領国が利

益を得るために従属関係におく地域　3. (un) samourai ←封建社会の日本の戦士　4. (un) emprunt ←別の言語から単語を取り入れる行為　5. (un) chef ←調理場を組織化し管理する人　6. (des) ramens ←中国起源の日本の麺類で、スープの入った丼で提供される　7. Molière ←フランスの役者、劇作家 (1622-1673)

2 1. dictionnaire この単語知らないなあ、辞書で調べよう。2. centaine ジュールは切手を集めている。100 枚以上はある。3. évolutions このプロジェクトは最終的に実現するまでに何度も変更が加えられた。4. contact 幼馴染みとはすっかり連絡が途絶えてしまった。5. apprécié その教師は親切なので生徒たちから高く評価されている。6. voisin ベルギーはフランスの隣国である。7. yuzu この柚子のジャムは実に美味しい。

3 1. ⓐ　2. ⓒ　3. ⓑ　4. ⓔ　5. ⓓ

B2-**22**
Comprendre (p.92)

1. vrai 色のついているものがしばしば社会運動のシンボルに使われる。2. vrai 1675 年の反乱は税に関するものであった。3. faux 1789 年サン・キュロットたちは下着で行進した。4. faux 1927 年の緑シャツ隊は公務員のことであった。5. vrai フランスでは運転手は車両に黄色の安全ベストを持っていなければならない。

S'entrainer (p.95)

1 1. onéreux　2. en continu　3. de tout temps　4. profond　5. dénoncer　6. le petit peuple

2 1. inique 工場労働者にとって減給は不当な決定だ。2. Bretagne 夏休みの間、ブルターニュ地方は観光地である。3. mouvement ピエールは投票もせず、いかなる政治運動にも所属しない。4. visibilité この濃い霧では視界はゼロである。5. malaise 会議の間、オーナーが我々の仕事に対して言ったことが険悪な雰囲気を作った。6. peuple 民主主義においては大統領を選ぶのは国民である。7. retour ここ数年、都会に暮らす人々の中で田舎に帰ることを考える人がいる。8. taxe 炭素税が化石燃料に対して徴収される。

B2-**23**
Comprendre (p.96)

1. vrai 気候の変化についてデュモン一家はルロワ・ロディエと同じように考えている。2. faux ブドウの収穫は昔よりも遅くなっている。3. vrai 昼間にブドウを収穫することは、今後多くの問題が生じる。4. faux 夜のブドウの収穫はジェローム・デュモンの労働者にとってより厳しい。5. vrai ジェローム・デュモンは今後の経営に気候の変化を考慮している。

S'entrainer (p.99)

1 1. moindre　2. à court terme　3. vendanger et récolter　4. la teneur　5. lui　6. nocturne

2 1. 答ⓐ：ⓐ私たちの生活様式に変化をもたらさなければならない。ⓑマルセイユに行くには 2 度乗り換えねばなりません。2. 答ⓑ：ⓐ直角は 90 度である。ⓑ 90 度のアルコールはよい消毒になる。3. 答ⓑ：ⓐマッサージ師が私の足の裏をマッサージしてくれた。ⓑ低いテーブルの上に緑の植物を置きましょう。素敵よ。4. 答ⓑ：ⓐピエールはマリーと数ヶ月前から付き合っている。ⓑこの駅の運行本数はそれほど多くない。5. 答ⓑ：ⓐ父は私の結婚式で熱弁を振るった。ⓑ春の日差しは柔らかい暖かさをもたらす。6. 答ⓐ：ⓐジェラール・デュバ

ルドゥーはフランスの有名な俳優です。ⓑマルクとバッタリと会ったとき、すぐに彼とわかった。7. 答ⓐ：ⓐこのワインは特級品です。ⓑ社長が話したとき、私は信じられなかった。

B2-24
Comprendre (p.100)

1. faux 全てのフランス人は医師や病院に簡単にかかることができる。2. faux スマートフォンが田舎で医師の代わりをする。3. vrai いくつかのアプリケーションのおかげで、病人は遠隔で医師にかかることができる。4. vrai いくつかの仕事から解放され、医師はより多くの時間を病人にかけることができる。5. faux 医師になることは多くの若いフランス人の夢である。

S'entrainer (p.103)

1 答ⓑ：ⓐ フランスでは田舎にはもはや医師がいない。病人を治療するための新しいやり方を提供する新しいテクノロジーが代わりをする。ⓑフランスでは田舎の医師はたいへんな仕事だ。新しいテクノロジーが病人にも、そして医師にも、解決策をもたらす。ⓒ多くの若い医師がプライベートの充実と患者との良い関係を求めて田舎で働くことを選択する。

2 1. La France manque de médecins ... : フランスでは医師の数は十分ではない。
2. ... une profession qui manque d'attractivité auprès des jeunes ... : 医師と言う職業はもはや魅力に欠ける。 3. ... le second peut éviter de devoir se rendre au cabinet médical... : もう病人が医師のところに行かなくてもよい。4. Chaque jour naissent de nouvelles possibilités. : 絶え間なく進歩している。5. Mais la technologie numérique est en train de venir à leur secours. (leur = aux médecins) : 新しいテクノロジーが新たな、そして歓迎すべき支援を医師にもたらす。6. le médecin rural peut ... retrouver une qualité de vie personnelle. : 医師がバカンスをとったり、家族で過ごすことができる。

B2-25
Comprendre (p.104)

1. vrai 7番目の大陸は海に浮かぶプラスチックの廃棄物からなる。2. faux クリパートンの住民は島を取り巻く海を汚している。3. faux 船は海に住む動物を傷つけている。4. vrai 最も大きなプラスチック製廃棄物を集める解決策はある。5. vrai プラスチックの禁止は当該問題を解決する有効な方法であろう。

S'entrainer (p.107)

1 1. 答ⓑ 食物連鎖：ⓐ同じ名前のお店 ⓑ食う・食われるの関係の生物グループ 2. 答ⓑ 大陸：ⓐ同じ言語を話す複数の国 ⓑ海面上に現れている広大な陸地 3. 答ⓐ 不法投棄：ⓐあらゆる種類のゴミの不法投棄 ⓑゴミの集積所 4. 答ⓐ 公海：ⓐ国家の領域を超えて広がる海 ⓑ国際連合により管理されている海域 5. 答ⓐ 大きな河口：ⓐ深く広がった湾の形に水が流れている河口 ⓑ地上に地下水があふれ出る場所

2 1. 答ⓐ：著者は「我々の食物連鎖に入ってくることになる」と条件法を使っている。ⓐなぜなら科学的には証明されていないからである。 ⓑなぜなら彼は魚を決して食べないからである。2. 答ⓑ：シャルル・トレネは「海は銀色に輝いている」と歌っている。ⓐなぜなら海は経済的な資源の場所だからである。ⓑ海の美しさを讃えるためである。3. 答ⓐ：haute mer と言う表現は法律用語である。ⓐ 一般的には「公海」を指すものである。ⓑ満潮などの海の変化を示すものである。

B2-26

Comprendre (p.108)

1. vrai フランス人は世界で最もストをする人々らしい。2. faux ストの兆候があった場合、常に妥協しようとする。3. faux ストをした日数は賃金が支払われる。4. vrai ストの代価は公共企業と民間企業では異なる。5. vrai 大きな社会的発展はしばしばストの後に起こった。

S'entrainer (p.111)

1 1. ⓒ法的に認められている理由によって雇い主から給料において支払われない額 2. ⓔ国や地方の事務管理を含む職業全体 3. ⓐ同じ経路を使う複数の人々のための移動手段 4. ⓕ労働者の集団によって新たに獲得された利益 5. ⓓ ストや、デモなど 6. ⓖ企業における経営上の理由での無期限雇用の契約の破棄 7. ⓑフランスにおける労働を規定する条項が編纂され集められたもの 8. ⓗ企業や国における人間関係の健全さの指標

2 1. la défiance, la confiance 2. apaiser 3. (l') étalement 4. (le) consensus
5. équivaut (équivaloir)

B2-27

Comprendre (p.112)

1. vrai フランス人観光客は日本の直島を訪れるのが好きである。2. vrai ムーズ県にある野外美術館に行くにはパリから電車で1時間かかる。3. faux 提案された散歩は徒歩のみである。4. faux 展示された作品はルネサンス期の作品である。5. faux 提案されたすべての作品は芸術家によって展示されたものである。

S'entrainer (p.115)

1 1. accessibles 美術館のこれらの部屋は一般には開放されていません。2. chasseurs 猟師たちは周辺の森で猪を仕留めた。3. œuvres ミロのヴィーナスはルーブル美術館に展示されている作品のひとつです。4. campagne 田舎で生活するのはメリットしかないわけではない。5. environnement 環境保護は、今後、多くの人の関心事になる。6. produit 食器洗いをするのに洗剤がもうない。7. désagrément ご乗車の TGV は遅れております。ご迷惑をおかけして申し訳ございません。

2 1. ⓐ balade : balade は散歩を表す女性名詞である。ⓑ ballade : ballade は文学、音楽の1ジャンルである。2. ⓐ flore : この雑誌はブルターニュの植物の発見を提案している。ⓑ Flore : 妹は Flore と言います。素敵な名前ですよね。3. ⓐ pleine : ムーズ県のこの散策は驚きに満ちている。ⓑ plaine : その街は広い平野に位置している。4. ⓐ prêt : 君の準備ができたら、出発だ！ⓑ près : 小道の入り口はここからすぐだ、さあいこう！5. ⓐ sentier : この小道は海まで続いている。ⓑ sentiez : あなたはそのグループで居心地がいいですか。

B2-28

Comprendre (p.116)

1. vrai 鈴木さんとニコルは東京で出会った。2. vrai 鈴木さんはニコルの家に到着した翌々日に病気になった。3. vrai 医者のところへ行くのに、車で 30 分かかった。4. vrai 鈴木さんはなぜ 33 と言わなければならないのかわからなかった。5. faux 診療所と薬局は同じ建物の中にあった。

S'entrainer (p.119)

1 1. 答ⓐ：ⓐこの長旅をがんばって計画したかいがあった。ⓑこの長旅は鈴木さんにとって辛かった。ⓒこの長旅は鈴木さんにとって困難であった。2. 答ⓑ：ⓐ 例えば「よいご旅行でしたか」ⓑ例えば、「いつから具合が悪いのですか」ⓒ 例えば、「あなたは日本人ですか」3. 答ⓑ：ⓐ検査が終わった後 ⓑ処方された薬のリストを書き込んだ後 ⓒ 医療費を支払った後 4. 答ⓒ：ⓐ薬剤師は鈴木さんにはより多くの薬が必要になるだろうと予測する。ⓑこの薬剤師はばらでは薬を売らない。ⓒフランスでは薬はばら売りされない。5. 答ⓑ：ⓐニコルは鈴木さんが薬を飲まなければならないことを残念に思う。ⓑニコルはフランスでは必要な量以上の薬を売ることを残念に思う。ⓒニコルは1日を無駄にしたことを残念に思う。6. 答ⓒ：ⓐ鈴木さんはまた歩くことができるようになった。ⓑ鈴木さんの機嫌がよくなった。ⓒ鈴木さんは健康を取り戻した。

B2-29

Comprendre (p.120)

1. faux 言語恐怖症は言語に関する新たな病気である。2. vrai フランスにおいて顕著な訛りがあると仕事上問題になる。3. vrai ことばの専門家にとっては、しゃべるときは誰もが訛りがある。4. vrai フランスでは評価の高い言語がある。5. vrai フランスでは言語による差別を罰している。

S'entrainer (p.123)

1 1. 答ⓒ：ⓐこのテクストは、アクセント記号がつく母音を含む語を発音し書く場合の問題点について述べられたものである。ⓑこのテクストは、教育をうけていないためフランス語をちゃんと話せない人がぶつかる問題点について述べられたものである。ⓒこのテクストは、フランス語の話し方が原因で人々が経験するいくつかの困難について述べている。

2 1. ⓕ感性と思考の根源（肉体の反対語）2. ⓐひどい扱いをして、ある種の人たちを他の人たちから区別すること 3. ⓓある場所、会社などで お客さんに情報を与える役割をする人 4. ⓒ司法権力の組織 5. ⓗ一般的には下へと順次書かれる語や記号の連続 6. ⓑ言語の音を発音すること 7. ⓖ人をからかう発言や書かれたもの 8. ⓔある職務のために適切な候補者を選ぶことを任された人

3 1. Molière (de son vrai nom Jean-Baptiste Poquelin) 2. Jean-Jacques Rousseau 3. Philippe Blanchet 4. le Languedoc-Roussillon

B2-30

Comprendre (p.124)

1. vrai フランスのいくつかのお菓子の名前の起源は説明することができる。2. vrai パンを捨てることは宗教上禁止行為である。3. vrai エクレアという名はとても速く食べられることからつけられた。4. faux フィナンシエはパリの証券取引所で売られていた。5. vrai お菓子の名前は社会的な理由で変更されたことがある。

S'entrainer (p.127)

1 1. ⓗ柔らかめの生地でできていて油であげたデザートもしくはおかず 2. ⓔ軽くて膨らんだお菓子 3. ⓖ小麦粉、バター、卵を材料とし、ほとんどの場合甘くして食べられるオーブンで焼いたお菓子 4. ⓕ泡立てた卵白と砂糖で作られ、オーブンで焼いたとても軽いお菓子 5. ⓐ小麦粉、水、塩、酵母から作られ、こねて膨らましてオーブンで焼いてできる食べ物

6. ⓑ香りのある味　7. ⓓ液体の中に溶かされた小麦粉ベースの加熱用の料理の材料　8. ⓒク
ロワッサン、ブリオッシュといったハード系のパンではないパン屋さんのしゃれた製品

2 1. alsacienne (Alsace)　2. viennoiserie (Vienne)　3. breton (Bretagne)
4. sacrilège (qui marque l'irrespect de ce qui est sacré)　5. nonne　6. étirée
7. humoristiques　8. fourrée et farcie(s)

B2-**31**

Comprendre (p.128)

1. faux 語り手は友だちと日本映画を見に映画館に行った。2. faux 映画の物語はスーダンが
舞台である。3. faux 映画は主人公の恋愛の幸福について述べている。4. vrai 映画の最後は
海岸が舞台である。5. faux 映画のとても斬新なラストを誰もが気に入った。

S'entrainer (p.131)

1 1. ⓐ quartiers 私たちは首都の素敵な地域を訪れます。ⓑ fondu 映画で、黒く消えて
いくシーンをフェードと呼ぶ。ⓒ sens この通りに入っちゃダメ、進入禁止だよ。ⓓ vagues
波の音を聞くのが大好きです、癒やされますよね。ⓔ sens 君の話していることは意味がない。
ⓕ vagues このガイドブックの説明はわかりにくい。道に迷ってしまった。ⓖ quartiers
タルトを作るのでリンゴをいくつかに切ってくれますか。ⓗ fondu あら、太陽でチョコ
レートが溶けちゃったわ。ⓘ générique すべての出演者がエンドロールに挙がっている。
ⓙ rouleaux ビアリッツの巻波でサーフィンをしに行こう。ⓚ courant 雷雨がいたるところ
で停電を引き起こした。ⓛ générique 私の医者は私にジェネリック医薬品を処方してくれ
た。ⓜ courant ピエールは走っていて転んだ。足首を捻挫した。ⓝ rouleaux トイレットペー
パーを買わないと。

2 答ⓑ：ⓐフランス映画の結末はいつも悲しい、なぜならばフランス人は本質的に悲観主義
者だからだ。ⓑフランス映画の結末は、しばしば観客側の考えを必要とする。ⓒフランス人は、
アメリカ人と同じように、喜怒哀楽がはっきりした結末を好む。

B2-**32**

Comprendre (p.132)

1. faux 推定無罪は 1789 年にフランスの法律に記された。＊「人間及び市民の権利の宣言」
はフランスの法律文書ではない。2. faux 推定無罪はフランスではずっと守られている。3.
vrai 推定無罪はそれが守られていない時には、重大な結果をもたらすこともある。4. vrai 条
件法はジャーナリストたちによってよく使われる。5. vrai 裁判はメディアやソーシャルネッ
トワークより判断するのが遅い。

S'entrainer (p.135)

1 答ⓑ：ⓐこのテクストは推定無罪に反対である。ⓑこのテクストは推定無罪を擁護して
いる。ⓒこのテクストは推定無罪を批判している。

2 1. audience ←メディアによって影響を受ける人々　2. procès ←判決が下される
司法審理　3. article ←出版物であり、ひとつの事柄に関しての全体がかかれた文章
4. conjugaison ←語形変化の全体　5. défense ←当事者の訴訟代理　6. vindicte ←犯罪
に対する人々による意図的な罰

3 1. ⓒ 基本原理　2. ⓔ 宗教における要人　3. ⓐ 全ての法律が集められた文章　4. ⓑソー
シャルネットワーク　5. ⓓ 絶え間のないニュースチャンネル　6. ⓕ 集団的感情　7. ⓖ 活用の

B2-33

Comprendre (p.136)

1. vrai フランスの 13 の地域にはそれぞれ城がある。2. vrai フランスの大部分の城は個人のものである。3. faux フランスの全ての城は中世に遡るものである。4. faux パリのディズニーランドにある城は、子どもたちを喜ばすためにバラ色である。5. faux パリのディズニーランドにある城は、造られて 100 年になる。

S'entrainer (p.139)

1 答はⓒ：ⓐ筆者はディズニーランドの大人気を喜んでいる。ⓑ筆者はテーマパークが大嫌いである。ⓒ筆者は文化的観光事業に対し、娯楽のための観光事業が成功していることに疑問を呈している。

2 1. centenaires これらの家は築 100 年経っている。2. destination リール行き TGV は C 番線から出る。3. plans 私たちの家の設計をしたのは建築家です。4. sud コルシカ島はニースの南にある。5. murs その建物の壁はコンクリート製だ。6. entretien 私の車は手入れに整備士のところへ行かねばならない。7. baroque バロック様式の絵画においては、光と影の作用が重要である。8. Bavière バイエルンはドイツの地域である。

3 1. témoigne ピエールは毎日私に彼の友情を示してくれる。2. a découvert ミッシェルは漫画を読んで日本を知った。3. a été classé この橋は 1955 年に歴史建造物になった。4. a été classé ジュールは英語がクラスで 1 番になった。5. témoigne このテクストは 17 世紀のパリの生活を表している。6. a découvert 警察は隣人殺しが誰かを突き止めた。

B2-34

Comprendre (p.140)

1. faux アマンダとジュリアンはもうソーシャルネットワークを使いたくない。＊動詞 veulent は現在形。アマンダとジュリアンは亡くなっているので faux となる。2. vrai アマンダの写真が彼女の承諾なしに広められた。3. vrai ジュリアンはフランスでの移民のために闘っていた。4. faux フランスの法律はソーシャルネットワークの悪用を厳しく処罰する。5. faux 約半数の人たちがソーシャルネットワーク上で中傷メッセージを送っている。

S'entrainer (p.143)

1 1. 答ⓑ：ⓐ彼らは全てのソーシャルネットワークをやめた。ⓑ彼らは自殺した。ⓒ彼らは全てを捨てた。家族、友だちなど。2. 答ⓒ：ⓐ彼らは問題の元が何かがわからなかった。ⓑ彼らは問題の原因を見つけられなかった。ⓒ彼らは問題の解決策を見つけられなかった。3. 答ⓒ：ⓐ彼らは自分から標的となっていた。ⓑ彼らは彼らの過ちによって標的となった。ⓒ彼らは望まずして標的となった。4. 答ⓐ：ⓐ絶え間なく。ⓑ昼間、あるいは夜ⓒ 24 時間営業　5. 答ⓐ：ⓐ教育システムが協力しなければならない。ⓑ教育システムにこの状況の責任がある。ⓒ教師たちはこの問題をよくわかっている。6. 答ⓐ：ⓐこれらの道具は賢く使わなければならない。ⓑこれらの道具を使うには理由が必要である。ⓒこれらの道具を授業中に使ってはならない。

B2-35

Comprendre (p.144)

1. vrai ボジョレ・ヌヴォーの入荷は日本では一大イベントであった。2. faux ボジョレ・ヌ
ヴォーは、日本ではフランスよりも 24 時間早く売られる。3. faux ボジョレ・ヌヴォーの味
と香りは常に変わらない。4. faux ボジョレ・ヌヴォーが 11 月に販売されるようになったの
は 19 世紀からである。5. faux フランスのすべてのワイン愛好家はボジョレ・ヌヴォーが大
好きである。

S'entrainer (p.147)

1 1. le Beaujolais nouveau ←テクスト内の「この貴重な飲み物」とは何を指していますか。
2. 答ⓐ：ⓐ濾過していないワインは瓶の底に果肉が残っている。ⓑボジョレ・ヌヴォーには
常に瓶の底に果肉がある。ⓒボジョレ・ヌヴォーは特に濾過してはいけない。3. 答ⓒ：ⓐボ
ジョレ・ヌヴォーの販売は合法ではない。ⓑボジョレ・ヌヴォーの販売は、ワイン販売の共
通の規則に従っている。ⓒボジョレ・ヌヴォーの販売は共通の規則を遵守していないが、認
められている。4. 答ⓑ：ⓐ今後ボジョレ・ヌヴォーの到着は以前ほど熱狂は引き起こさない。
ⓑボジョレ・ヌヴォーの到着は相変わらず大成功である。ⓒボジョレ・ヌヴォーの到着はも
はやちっとも大きなイベントではなくなっている。

2 答ⓑ：ⓐ今年、日本人はボジョレ・ヌヴォーを普段より楽しめない、というのはよいでき
ではないからである。ⓑ今年、日本人はボジョレ・ヌヴォーを満足して味わうであろう。ⓒ今年、
日本人は前年より多くのボジョレ・ヌヴォーを買うであろう。

B2-**36**

Comprendre (p.148)

1. vrai ドギーバッグはフランスではあまり使われていない。2. faux レストランのオーナー
は使用を奨励したがっている。3. vrai 食事の残りを家に持って帰るのは衛生上の危険がある。
4. vrai フランス人消費者は「ドギーバック」に環境保護の面で魅力を感じている。5. vrai
フランスではお皿にあるものを食べ終えるように子供に言う。

S'entrainer (p.151)

1 1. les mœurs 2. une barquette 3. radin(e) 4. une intoxication 5. la pollution
6. l'enfance 7. l'assiette

2 1. familial 私たちの家族の住居はノルマンディーにあります。2. alimentaire 私た
ちの村に食料品店はありません。3. radin ピエールは本当にけちです。お金を全く遣
いません。4. courante この表現はあまり使われていません。あまりそれを使いませ
ん。5. gourmande セシルは食いしん坊です。彼女はすごく甘いお菓子が大好きです。
6. réticent 私たちは引っ越したいです。でも父がためらってます。彼は同意していません。
7. inutile 君に会いたくないので、来ても無駄です。

3 1. 答ⓑ：ⓐ全く新しくリフォームされた家の部屋。ⓑ料理のレシピに取り組む新しいやり
方。2. 答ⓐ：ⓐまだ食べられる食料品を無駄にしたり、捨てたりすること。ⓑもう食べられ
ない食料品を無駄にしたり、捨てたりすること。

B2-**37**

Comprendre (p.152)

1. faux 5 月 1 日は誰でもまったく自由に通りでスズランを売ることができる。2. faux 転売
目的でスズランを買うことができる。3. vrai 花屋の近くでスズランを売ることはできない。

4. faux シャルル9世は1561年5月1日、人民にスズランを配った。5. vrai スズランは喧嘩の終熄を意味する。

S'entrainer (p.155)

1 1. interdite 2. à distance de 3. pour l'occasion 4. une brouille 5. (le) gros (terme du commerce) 6. sauf 7. se fournir

2 1. dérogation : 法定年齢前に結婚するには特例が必要だ。2. confection : ジュリは婦人服製造販売店で働いている。3. réconciliation : 和解を試みたがうまくいかなかった。4. personnel : この仕事にふさわしいスタッフを探すのは難しい。5. circulation : この通りは、朝晩通行が大変だ。6. trottoir : 日本では自転車の歩道走行ができるが、フランスはダメだ。7. plante : この緑の植物は私たちの居間を素敵に飾ってくれる。

3 1. 答ⓑ : ⓐ非常に安くして品物を売る人 ⓑ許可なく公の場所で品物を売る人 2. 答ⓑ : ⓐ職業として売る人 ⓑ臨時に一時的に売る人 3. 答ⓐ : ⓐ16世紀のフランスを統治した ⓑフランス革命時の王

B2-**38**

Comprendre (p.156)

1. vrai フランスでは原子力に優位な政策が認められている。2. vrai 原子力による電気の原価計算には問題がある。3. vrai 再生可能エネルギーは国民の支持を得ている。4. faux 国内における風力発電機の設置はよく受け入れられている。5. vrai 海での風力発電機は収益性がある。

S'entrainer (p.159)

1 1. ⓒ : 著者は原子力エネルギーの原価の計算は（ⓐ正しい ⓑ間違っているかもしれない ⓒ間違っている）と思っている。2. ⓑ : 著者は風力発電機が（ⓐフランスの風景を美しくする ⓑフランスの風景を視覚的に損なう ⓒ何の不快感ももたらさない）と思っている。3. ⓑ : 風力発電の未来について著者は（ⓐ絶賛している ⓑ慎重である ⓒ完全に否定的である）。

2 1. inclus (inclure) この小旅行の費用は旅行に含まれていない。2. vante (vanter) この大統領は全てのメディアで彼の政策を毎日自慢している。3. évitons / éviterons (éviter) もし今帰れば、雨に合わずにすむよ。4. a convaincu (convaincre) きみが昨日私に言ったことが私を納得させた。5. crées (créer の接続法現在) 君の周囲を幸福にしなければならない。6. va succéder / succédera (succéder) 次の選挙で誰が現大統領の後継者になりますか。7. Permettez (permettre) 私が賛成ではないことをあなたに言わせてもらいます。

3 1. aléatoire 2. propre 3. certain 4. onéreux

B2-**39**

Comprendre (p.160)

1. vrai ダヴィド・コダは理髪師である。2. faux 彼はいつもボランティアで働いている。3. vrai 彼は恵まれない人たちの髪を無料で切っている。4. vrai 80％のフランス人が連帯活動に参加している。5. faux フランスのモットーは「自由、平等、連帯」である。

S'entrainer (p.163)

1 1. non (... son père, qui était lui aussi coiffeur.) : ダヴィド・コダの父は相変わら

ず今も理髪師である。2. non (... de venir dans les palaces où elles séjournent.) : 人気歌手たちは彼の店にやってくる。3. non (La prestation est la même pour moi. je travaille avec autant de soin pour eux que pour les célébrités que je coiffe.) : 彼の調髪は人気歌手とホームレスとでは異なっている。4. non (Cette triade avait été proposée un temps… Elle n'a pas été retenue.) : 「自由、平等、連帯」はある時期フランスの標語であった。5. oui (Elle n'a pas été retenue. C'est bien dommage.) : 「自由、平等、連帯」は語り手の気に入った標語である。

2 1. poursuivre (Il poursuit). 2. illustre à la perfection 3. se sentir bien dans sa peau 4. vocation 5. une triade (un ensemble de trois mots) 6. mise à l'écart 7. un temps

B2-**40**

Comprendre (p.164)

1. faux フランス語は常に仕事のために学ばれる。2. faux フランス語を学ぶことは日本人にとってもポルトガル人にとっても同じくらい簡単である。3. vrai フランス語の文法と日本語の文法はとても異なっている。4. vrai 一緒に話すためにフランス語圏の人をみつけるのは日本では容易ではない。5. vrai フランス語圏の国を旅行することでフランス語における上達度を確認することができる。

S'entrainer (p.167)

1 1. ⓑケベック州に引っ越す。ⓒフランス語を話す人と結婚する。2. ⓔフランス映画の台詞を理解する。ⓗカラオケでフランス語で歌う。3. ⓕパリの高級ホテルでソムリエになる。ⓖフランス企業のポストに就く。4. ⓐフランス文学の修士号の準備する。ⓓ大学のフランス語科の 2 年生になる。

2 1. vous les connaissez bien 2. la langue de Molière 3. Sept fois à terre, huit fois debout！4. A priori 5. l'alphabet romain 6. langue maternelle

Décrypter で扱った単語索引（数字は掲載されている課を示す）

195

Postface

Pouvoir un jour parler couramment français, savoir écrire parfaitement dans cette langue, réussir au DELF/DALF ou aux niveaux supérieurs du Futsuken font certainement partie de vos objectifs, si vous avez fait l'acquisition de ce livre. Nous l'avons voulu comme un outil utile et complet pour que vous puissiez atteindre votre ou vos but(s). Les différents thèmes d'étude proposés devraient vous permettre de pouvoir, à l'issue de votre travail :

- soutenir une conversation intéressante avec des natifs de la langue sur des sujets divers ;
- comprendre, de manière détaillée, des textes tirés de la littérature française ou de magazines d'actualité ;
- utiliser un lexique enrichi de centaines de mots ;
- suivre, avec plus d'aisance, des émissions de télé, de radio ou tout autre document sonore en français ;
- voyager sans problèmes majeurs de communication dans des pays francophones.

Vous avez franchi une étape importante pour obtenir les niveaux B1 et B2. Peut-être avez-vous pensé vos progrès trop lents ou trouvé le parcours difficile ! Mais c'est un passage normal pour tout(e) apprenant(e) d'une langue étrangère qui ne vit pas dans un environnement où celle-ci est la langue dominante. Bon courage et bravo : vos efforts ont payé et paieront encore dans le futur.

Nous tenons à remercier Madame Kazumi KANKE et les éditions Hakusuisha pour leur soutien et leurs conseils, qui nous ont permis de mener à terme ce projet dans les meilleures conditions.

Les auteur(e)s

著者紹介

モーリス・ジャケ（Maurice Jacquet）
　FLE（Français Langue Étrangère）教授、examinateur-correcteur pour
le DELF et le DALF、京都外国語大学名誉教授。編著書に『仏検
対策問題集』（5級から準1級・1級まで各級、共編著／白水社）、
『《仏検》準1級・2級必須単語集（新装版）』『例文で覚えるフラ
ンス基本単語2600』『例文で覚えるフランス語熟語集』（以上、共
著／白水社）

舟杉真一（ふなすぎ しんいち）
　京都外国語大学教授。編著書に『仏検対策問題集』（5級から準1級・
1級まで各級、共編著／白水社）、『例文で覚えるフランス語熟語集』
（共著／白水社）

服部悦子（はっとり えつこ）
　武庫川女子大学、近畿大学、関西学院大学、京都女子大学非常勤
講師。

DELF B1・B2 対応　フランス語単語トレーニング

2021 年 7 月 5 日　第 1 刷発行
2024 年 1 月 10 日　第 4 刷発行

著　者 © 　モーリス・ジャケ
　　　　舟　杉　真　一
　　　　服　部　悦　子
発行者　岩　堀　雅　己
印刷・製本　図書印刷株式会社

101-0052 東京都千代田区神田小川町 3 の 24
発行所　電話 03-3291-7811（営業部）, 7821（編集部）　株式会社　白水社
www.hakusuisha.co.jp
乱丁・落丁本は送料小社負担にてお取り替えいたします。

振替 00190-5-33228　　Printed in Japan

ISBN978-4-560-08904-0